高中新课程教师培训用书　　丛书主编：徐　勇　徐山洪

高中新旧课程标准教学要求比较

数　学

主　编

方　勇

编写人员

谢榕平　孙要强　陈　锴　龚　谨　周　岛

华东师范大学出版社

·上海·

图书在版编目(CIP)数据

高中新旧课程标准教学要求比较. 数学/方勇主编.
—上海:华东师范大学出版社,2019
高中新课程教师培训用书
ISBN 978 - 7 - 5675 - 5138 - 1

Ⅰ.①高⋯　Ⅱ.①方⋯　Ⅲ.①中学数学课-教学研
究-高中　Ⅳ.①G633

中国版本图书馆 CIP 数据核字(2019)第 300002 号

高中新旧课程标准教学要求比较　数学
GAOZHONG XINJIU KECHENG BIAOZHUN JIAOXUE YAOQIU BIJIAO　SHUXUE

主　　编　方　勇
策划编辑　李文革
责任编辑　平　萍
责任校对　邱红穗
装帧设计　刘怡霖

出版发行　华东师范大学出版社
社　　址　上海市中山北路 3663 号　邮编 200062
网　　址　www.ecnupress.com.cn
电　　话　021 - 60821666　行政传真 021 - 62572105
客服电话　021 - 62865537　门市(邮购)电话 021 - 62869887
地　　址　上海市中山北路 3663 号华东师范大学校内先锋路口
网　　店　http://hdsdcbs.tmall.com

印 刷 者　上海景条印刷有限公司
开　　本　787 毫米×1092 毫米　1/16
印　　张　8.5
字　　数　157 千字
版　　次　2020 年 3 月第 1 版
印　　次　2023 年 8 月第 6 次
书　　号　ISBN 978 - 7 - 5675 - 5138 - 1
定　　价　26.00 元

出 版 人　王　焰

(如发现本版图书有印订质量问题,请寄回本社客服中心调换或电话 021 - 62865537 联系)

前　言

　　本丛书以教育部印发的普通高中学科课程标准(2017 年版)(以下简称"新课标")和普通高中学科课程标准(实验)(以下简称"旧课标")为依据,结合实施高中新课标教学实验的一线教师实际需求,通过对高中课程内容从新、旧课标教学要求对比、对应题型示例等方面进行剖析,帮助一线教师和教研人员在较短时间内准确理解和掌握新课标要求、适应新课标教材的教学需要,是新课标实施过程中必备的工具书.

一、教学要求对比

　　教学要求对比,是把新、旧课标的每一个知识点以及相应知识点的教学要求进行对比,清晰展示两者之间思想方法的变化与同异、知识点的增加与减少、要求程度的提高与降低,使教师从对比中领悟新课标的核心思想,熟悉新课标的外延与内涵、变化与发展,准确把握新课标中知识点教学要求的深度和广度.

二、对应题型示例

　　对应题型示例,是从以下三个方面把新、旧课标教学要求的变化与具体题型相对应,为实施新课程的教学提供明确、具体、清晰的指引.

　　(一)新课标要求但旧课标不要求的题型. 这一部分的题型是新课标新增内容所对应的题型,对于这些新增内容有哪些知识点、每个知识点的具体要求、教学过程中要把握的度,都编排了具体的例题与之对应,把新课标要求通过题型具体化,给出明确的界限,为教师的教学提供参考和依据.

　　(二)旧课标要求但新课标不要求的题型. 这一部分的题型是旧课标要求但新课标已删除内容所对应的题型,对于这些内容有哪些知识点、对应哪些题型,也适当给出了相应例题,明确这些题型必须在新课程的教学过程中不再出现. 这样可有效避免教师的思维定式,避免教师在教学过程中仍然使用自己认为是好的但新课标不要求的题型.

　　(三)新课标和旧课标都要求但要求不同的题型. 这一部分的题型是新、旧课标都要求但要求不同的内容所对应的题型,对于这些不同要求的内容有哪些知识点、每个知识点在要求上有哪些变化、在哪些方面存在不同,都明确给出了对应的例题,进而把知识点要求的变化体现在例题的变化上,把抽象的问题具体化,帮助教师了解、理解和掌握这些内容要求的区别和联系、变化与发展.

新课标是旧课标的修订版,所以一些按照旧课标编写的试题,也能很好地体现新课标的要求,新课标下的教学内容也存在与旧课标一致之处,因此书中所选例题的编制时间和新、旧课标的实施时间并非完全对应. 鉴于读者可能会在所选例题的编制时间上心生困惑,作此特别说明.

本丛书帮助教师在旧课标的基础上,通过教学要求对比和对应题型示例,掌握新、旧课标教学要求的变化和题型的变化,了解新、旧课标教学要求的相同之处与不同之处,准确理解和把握新课标的教学要求,从而在新课程的教学过程中知道要教什么、不教什么、教到什么层次,知道自己过去的资料哪些是可以继续用的、哪些是修改后可以用的、哪些是不可以用的,进而在实施新课程的教学过程中准确体现新课程的教学要求,达到新课程的教学目标,真正做到让教师一书在手,教学不愁,这是本丛书的基本特色和根本目的. 在旧课标的实施过程中,我们已经出版过《高中数学教学大纲和课程标准教学要求的对比》一书,教师使用后反响非常好,认为该书是自己教学的良师益友,是教学的必备工具书,在后续培训过程中也同样使用效果良好. 基于此,在新课标实施之际,我们推出这套丛书,期望丛书在新课程的教师培训和教学中发挥高效、实用的独特作用,成为教师教学的良师益友和必备工具书,成为最实用的新课程教师培训用书,为新课程的实施尽我们的绵薄之力.

由于时间仓促,加之我们水平有限,书中的疏漏之处在所难免,期待广大读者批评指正.

编 者

二〇一九年九月

目 录

高中新旧课程标准教学要求比较　数学

第一部分　必修课程

主题一　预备知识

第一节　集合

一、教学要求对比

内容	新课标	旧课标	区别
（1）集合的概念与表示	① 通过实例，了解集合的含义，理解元素与集合的属于关系。 ② 针对具体问题，能在自然语言和图形语言的基础上，用符号语言刻画集合。 ③ 在具体情境中，了解全集与空集的含义。	① 通过实例，了解集合的含义，体会元素与集合的"属于"关系。 ② 能选择自然语言、图形语言、集合语言（列举法或描述法）描述不同的具体问题，感受集合语言的意义和作用。	对元素与集合的属于关系的要求由体会变为理解，新课标提高了要求。新课标特别提出用符号语言刻画集合，提高语言转换和抽象概括能力，树立用集合语言表示数学内容的意识。新课标增加了针对具体问题刻画集合，强调了集合的应用性。
（2）集合的基本关系	理解集合之间包含与相等的含义，能识别给定集合的子集。	① 理解集合之间包含与相等的含义，能识别给定集合的子集。 ② 在具体情境中，了解全集与空集的含义。	新课标把全集与空集的含义提到集合的概念中，体现了基础性。
（3）集合的基本运算	① 理解两个集合的并集与交集的含义，能求两个集合的并集与交集。 ② 理解在给定集合中一个子集的补集的含义，能求给定子集的补集。	① 理解两个集合的并集与交集的含义，会求两个简单集合的并集与交集。 ② 理解在给定集合中一个子集的补集的含义，会求给定子集的补集。	新课标中，把"直观图示"改为"图形"，体现了理解抽象概念几何直观的多元化，强调了直观想象素养。

内容	新课标	旧课标	区别
（3）集合的基本运算	③ 能使用 Venn 图表达集合的基本关系与基本运算，体会图形对理解抽象概念的作用.	③ 能使用 Venn 图表达集合的关系及运算，体会直观图示对理解抽象概念的作用.	

二、对应题型示例

★ 新课标要求但旧课标不要求

■ 1. 新课标特别提出用符号语言刻画集合，提高语言转换和抽象概括能力，树立用集合语言表示数学内容的意识，而旧课标并不这样要求，只要求能选择合适的语言形式描述不同的具体问题.

例 1 在平面直角坐标系中，集合 $C=\{(x，y)\mid y=x\}$ 表示直线 $y=x$，从这个角度看，集合 $D=\left\{(x，y)\middle|\begin{cases}2x-y=1，\\x+4y=5\end{cases}\right\}$ 表示什么？集合 C、D 之间的有什么关系？

解 集合 $D=\left\{(x，y)\middle|\begin{cases}2x-y=1，\\x+4y=5\end{cases}\right\}$ 表示直线 $2x-y=1$ 与直线 $x+4y=5$ 的交点的集合，即 $D=\{(1，1)\}$，所以 $D\subseteq C$.

说明：集合是数学符号语言的一种形式，处理集合问题的智慧常在于转译数学符号语言、图形语言和文字语言，而新课标特别强调符号语言，体现了数学抽象素养. 通过问题解决，进一步体会描述法表述集合的特点，感受用集合语言表达数学内容的简洁性、准确性，熟悉自然语言、集合语言、图形语言的各自特点，并能根据实际需要进行相互转换，感受集合语言的作用和意义，培养和提高运用数学语言进行交流的能力.

■ 2. 新课标要求通过不同图形理解抽象的集合概念，而旧课标对此并不要求，只要求利用 Venn 图理解集合概念.

例 2 集合 $A=\{x\mid 2\leqslant x<4\}$，$B=\{x\mid 3x-7\geqslant 8-2x\}$，求 $A\bigcup B$ 和 $A\bigcap B$.

解 画数轴图可知，$A\bigcup B=\{x\mid x\geqslant 2\}$，$A\bigcap B=\{x\mid 3\leqslant x<4\}$.

说明：利用数形结合帮助理解集合元素的基本特征,是解题的关键所在.解题时要养成看到"数"就思考其对应的"形"(几何解释)的习惯,对集合的符号语言和图形语言要灵活转化,这也是数形结合的具体体现.新课标对形的要求并不局限在 Venn 图上,这很好地体现了直观想象素养——利用图形理解和解决数学问题的素养.建立形与数的联系,利用几何图形描述问题,借助几何直观理解问题,探索解决问题的思路.

✦ 新课标和旧课标都要求但要求不同

■ 对于元素与集合的"属于"关系,新课标相对于旧课标,其要求从体会改为了理解.

例 3 已知集合 $A=\{x,y,z\}$, $C=\{B\mid B\subseteq A\}$,则集合 C 与 A 的关系是 _____.

解 集合 C 中代表元素 B 的特征为 $B\subseteq A$,由此可知 $C=\{\varnothing,\{x\},\{y\},\{z\},\{x,y\},\{x,z\},\{y,z\},\{x,y,z\}\}$,所以 $A\in C$.

说明：集合 C 与 A 的关系是元素与集合的关系还是集合与集合的关系,要具体分析而定,集合 A 的元素已确定,关键是要确定集合 C 的元素,新课标对元素与集合的"属于"关系提高了要求.

第二节　常用逻辑用语

一、教学要求对比

内容	新课标	旧课标	区别
		命题及其关系 ① 了解命题的逆命题、否命题与逆否命题.	新课标删除了关于命题的逆命题、否命题与逆否命题的内容,不再作要求.
(1) 必要条件、充分条件、充要条件	① 通过对典型数学命题的梳理,理解必要条件的意义,理解性质定理与必要条件的关系. ② 通过对典型数学命题的梳理,理解充分条件的意义,理解判定定理与充分条件的关系.	**命题及其关系** ② 理解必要条件、充分条件与充要条件的意义,会分析四种命题的相互关系.	在理解必要条件、充分条件与充要条件方面,新课标提出了关于它们与性质定理、判定定理、数学定义关系的要求,提出了通过对典型数学命题的梳理来理解必要条件、充分条件和充要条件的意义.

内容	新课标	旧课标	区别
（1）必要条件、充分条件、充要条件	③ 通过对典型数学命题的梳理，理解充要条件的意义，理解数学定义与充要条件的关系.		
		简单的逻辑联结词 通过数学实例，了解逻辑联结词"或""且""非"的含义.	新课标删除了关于逻辑联结词的内容，不再作要求.
（2）全称量词与存在量词	通过已知的数学实例，理解全称量词与存在量词的意义.	通过生活和数学中的丰富实例，理解全称量词与存在量词的意义.	新课标对理解全称量词与存在量词的意义的生活实例不作要求.
（3）全称量词命题与存在量词命题的否定	① 能正确使用存在量词对全称量词命题进行否定. ② 能正确使用全称量词对存在量词命题进行否定.	能正确地对含有一个量词的命题进行否定.	新课标要求能正确使用存在量词对全称量词命题进行否定，旧课标特别限定能正确地对含有一个量词的命题进行否定.

二、对应题型示例

★　新课标要求但旧课标不要求

■　对理解必要条件、充分条件与充要条件的意义，新课标提出了它们与性质定理、判定定理、数学定义关系的要求. 新教材引入了较多初中学过的定理作为典型数学命题进行分析，可以结合初中数学所学的大量判定定理与性质定理进行教学，如平行四边形的判定定理、相似三角形的判定定理、菱形的性质定理等.

例 1　设 a、b、c 分别是△ABC 的三条边，且 $a \leqslant b \leqslant c$. 我们知道，如果 △$ABC$ 为直角三角形，那么 $a^2 + b^2 = c^2$（勾股定理）；反过来，如果 $a^2 + b^2 = c^2$，那么 △ABC 为直角三角形（勾股定理的逆定理）. 由此可知，△ABC 为直角三角形的充要条件是 $a^2 + b^2 = c^2$.

请利用边长 a、b、c 分别给出△ABC 为锐角三角形的一个充要条件，并证明.

解 设 a、b、c 分别是 $\triangle ABC$ 的三条边,且 $a \leqslant b \leqslant c$,$\triangle ABC$ 为锐角三角形的充要条件是 $a^2 + b^2 > c^2$. 证明如下:

必要性:在 $\triangle ABC$ 中,$\angle C$ 是锐角,作 $AD \perp BC$,点 D 为垂足,如图 ① 所示. 显然

$$AB^2 = AD^2 + DB^2 = AC^2 - CD^2 + (CB - CD)^2$$
$$= AC^2 - CD^2 + CB^2 + CD^2 - 2CB \cdot CD$$
$$= AC^2 + CB^2 - 2CB \cdot CD < AC^2 + CB^2,$$

即 $c^2 < a^2 + b^2$.

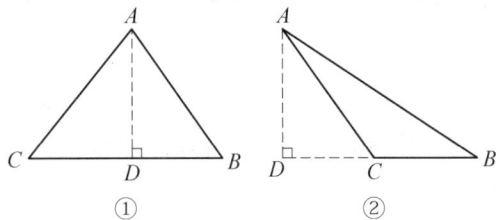

(例1解答)

充分性:在 $\triangle ABC$ 中,$a^2 + b^2 > c^2$,所以 $\angle C$ 不是直角. 假设 $\angle C$ 为钝角,如图 ② 所示,作 $AD \perp BC$,交 BC 的延长线于点 D,则

$$AB^2 = AD^2 + DB^2 = AC^2 - CD^2 + (CB + CD)^2$$
$$= AC^2 - CD^2 + CB^2 + CD^2 + 2CB \cdot CD$$
$$= AC^2 + CB^2 + 2CB \cdot CD > AC^2 + CB^2,$$

即 $c^2 > a^2 + b^2$,与 $a^2 + b^2 > c^2$ 矛盾,故 $\angle C$ 为锐角,即 $\triangle ABC$ 为锐角三角形.

说明:新课标把必要条件、充分条件与充要条件从性质定理、判定定理、数学定义层面理解,体现了数学知识的前后联系性与数学知识的一致性. 体会数学的重要研究对象可以从不同角度加以描述,能够使用常用逻辑用语表达数学对象,进行数学推理,体会常用逻辑用语在表述数学内容和论证数学结论中的作用,强调逻辑性和准确性,促进逻辑推理核心素养的发展.

☆ 旧课标要求但新课标不要求

■ 1. 旧课标对命题及命题的逆命题、否命题与逆否命题有明确要求;而新课标对这部分内容不作要求,删除了该内容.

例2 有下列四个命题:

① "若 $x+y=0$,则 x、y 互为相反数" 的否命题;

② "若 $x \geqslant y$,则 $x^2 \geqslant y^2$" 的逆否命题;

③ "若 $x \leqslant 3$,则 $x^2-x-6>0$" 的否命题;

④ "对顶角相等" 的逆命题.

其中真命题的个数是( ).

A. 0   B. 1

C. 2   D. 3

解 ①的否命题为"若 $x+y \neq 0$,则 x、y 不互为相反数",为真命题;②的原命题为假命题,从而逆否命题为假命题;③的否命题为"若 $x>3$,则 $x^2-x-6 \leqslant 0$",为假命题;④的逆命题为"若两角相等,则这两角为对顶角",为假命题. 因此选 B.

2. 旧课标对逻辑联结词有明确要求;而新课标对逻辑联结词不作要求,删除了该内容.

例 3 若命题 p:0 是偶数,命题 q:2 是 3 的约数,则下列判断正确的是( ).

A. "$p \vee q$" 为假   B. "$p \vee q$" 为真

C. "$p \wedge q$" 为真   D. 以上都不对

解 p 真,q 假,所以 $p \vee q$ 为真. 因此选 B.

✸ 新课标和旧课标都要求但要求不同

新课标要求能正确使用存在量词对全称量词命题进行否定,能正确使用全称量词对存在量词命题进行否定;而旧课标特别限定能正确地对含有一个量词的命题进行否定.

例 4 命题 "$\forall x \in \mathbf{R}$,$\exists n \in \mathbf{N}^*$,使得 $n \geqslant x^2$" 的否定形式是( ).

A. $\forall x \in \mathbf{R}$,$\exists n \in \mathbf{N}^*$,使得 $n < x^2$

B. $\forall x \in \mathbf{R}$,$\forall n \in \mathbf{N}^*$,使得 $n < x^2$

C. $\exists x \in \mathbf{R}$,$\exists n \in \mathbf{N}^*$,使得 $n < x^2$

D. $\exists x \in \mathbf{R}$,$\forall n \in \mathbf{N}^*$,使得 $n < x^2$

解 使用存在量词对全称量词命题进行否定,使用全称量词对存在量词命题进行否定. 因此选 D.

第三节　相等关系与不等关系

一、教学要求对比

内容	新课标	旧课标	区别
（1）等式与不等式的性质	梳理等式的性质，理解不等式的概念，掌握不等式的性质.	通过具体情境，感受在现实世界和日常生活中存在着大量的不等关系，了解不等式（组）的实际背景.	旧课标只对不等式作了要求，没有涉及等式；新课标由等式的性质类比不等式的性质，更好地实现了初、高中数学知识的衔接.
		二元一次不等式组与简单线性规划问题 ① 从实际情境中抽象出二元一次不等式组. ② 了解二元一次不等式的几何意义，能用平面区域表示二元一次不等式组. ③ 从实际情境中抽象出一些简单的二元线性规划问题，并能加以解决.	新课标删除了有关线性规划的内容，不再作要求.
（2）基本不等式	掌握基本不等式 $\sqrt{ab} \leqslant \dfrac{a+b}{2}(a、b \geqslant 0)$. 结合具体实例，能用基本不等式解决简单的最大值或最小值问题.	① 探索并了解基本不等式的证明过程. ② 会用基本不等式解决简单的最大（小）值问题.	新课标明确提出了掌握基本不等式，提高了对基本不等式的要求，同时强调了结合具体实例解决最值问题，体现了不等式的应用性.

二、对应题型示例

★ 新课标要求但旧课标不要求

■ 新课标要求通过梳理等式的性质，理解不等式的概念，掌握不等式的性质；而旧课标要求通过实例感受在现实世界和日常生活中存在着大量的不等关系,没有关于等式性质的要求. 本部分内容可以使用类比的方法进行学习,可以类比等式的性质"$a=b$,$b=c\Rightarrow a=c$",得到"$a>b$,$b>c\Rightarrow a>c$";类比等式的性质"$a=b\Rightarrow a\pm c=b\pm c$",得到"$a>b\Rightarrow a\pm c>b\pm c$";类比等式的性质"$a=b\Rightarrow ac=bc$",得到"$a>b$,$c>0\Rightarrow ac>bc$;$a>b$,$c<0\Rightarrow ac<bc$" 等. 通过类比旧知学习新知,不仅有助于学生理解新知,还有助于培养学生运用类比方法进行合情推理的能力,提升学生的逻辑推理素养.

例 1 若 $a>b>c$ 且 $a+b+c=0$,则下列不等式中正确的是( ).

A. $ab>ac$ B. $ac>bc$

C. $a\mid b\mid>c\mid b\mid$ D. $a^2>b^2>c^2$

解 由 $a>b>c$ 且 $a+b+c=0$,知 $a>0$,$c<0$,由 $\begin{cases}a>0,\\b>c,\end{cases}$ 得 $ab>ac$.

因此选 A.

说明:相等关系和不等关系都是客观事物的基本数量关系,是数学研究的重要内容,是构建方程、不等式的基础,因为不等式与等式一样,都是对大小关系的刻画,所以我们可以从等式的性质及其研究方法中获得启发. 在等式关系中,运算中的不变性就是性质,即方程的思想;在不等关系中,变化中蕴含的是函数的思想. 学习这部分内容,可以通过类比,在探索数学表达形式转换过程中,理解等式和不等式的共性和差异.

☆ 旧课标要求但新课标不要求

■ 旧课标对二元一次不等式组与简单线性规划问题有明确要求;而新课标对这部分内容不作要求,删除了该内容. 线性规划问题的本质是一个多元函数的极值问题. 目前中学讲简单线性规划问题,是运用降维思想来解决的. 多元函数极值问题是很复杂的问题,处理方式与简单线性规划问题的处理方式有较大区别,中学阶段理解起来较为困难,因此简单线性规划问题亦不作要求了.

例 2 营养专家指出,成人良好的日常饮食应该至少提供 0.075 kg 碳水化合物、0.06 kg 蛋白质、0.06 kg 脂肪. 1 kg 食物 A 中含有 0.105 kg 碳水化合物、0.07 kg 蛋白质、0.14 kg 脂肪,花费 28 元;而 1 kg 食物 B 中含有 0.105 kg 碳水化合物、0.14 kg 蛋白质、0.07 kg 脂肪,花费 21 元. 为了满足营养专家指出的日常饮食要求,同时使花费最低,需要每天同时食用食物 A 和食物 B 各多少千克?

解 将已知数据列表如下:

食物(1 kg)	碳水化合物/kg	蛋白质/kg	脂肪/kg
A	0.105	0.07	0.14
B	0.105	0.14	0.07

设每天同时食用 x kg 食物 A 和 y kg 食物 B,总成本为 z.

则 $\begin{cases} 0.105x + 0.105y \geqslant 0.075, \\ 0.07x + 0.14y \geqslant 0.06, \\ 0.14x + 0.07y \geqslant 0.06, \\ x \geqslant 0, \\ y \geqslant 0, \end{cases}$ 即 $\begin{cases} 7x + 7y \geqslant 5, \\ 7x + 14y \geqslant 6, \\ 14x + 7y \geqslant 6, \\ x \geqslant 0, \\ y \geqslant 0. \end{cases}$

目标函数为 $z = 28x + 21y$.

作出二元一次不等式组所表示的平面区域,如图阴影部分所示.

把目标函数 $z = 28x + 21y$ 变形

为 $y = -\dfrac{4}{3}x + \dfrac{z}{21}$,它表示斜率为

$-\dfrac{4}{3}$,且随 z 变化的一族平行直线,$\dfrac{z}{21}$

是直线在 y 轴上的截距,当截距最小

时,z 的值最小.

由图可知,当直线 $z = 28x + 21y$

经过可行域上的点 M 时,截距最小,

即 z 的值最小.

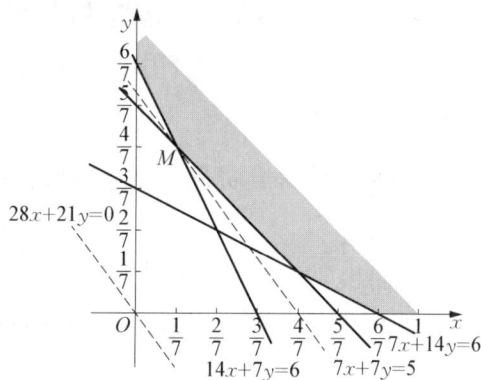

(例 2 解答)

解方程组 $\begin{cases} 7x + 7y = 5, \\ 14x + 7y = 6, \end{cases}$ 得点 M 的坐标为 $\left(\dfrac{1}{7}, \dfrac{4}{7} \right)$.

所以为了满足营养专家指出的日常饮食要求,同时使花费最低,需要每天

同时食用 $\dfrac{1}{7}$ kg 食物 A 和 $\dfrac{4}{7}$ kg 食物 B.

✦ 新课标和旧课标都要求但要求不同

■ 对于基本不等式的要求,从探索并了解基本不等式的证明过程,会用基本不

等式解决简单的最大(小)值问题,到掌握基本不等式 $\sqrt{ab} \leqslant \dfrac{a+b}{2}$($a$、

$b \geqslant 0$).结合具体实例,能用基本不等式解决简单的求最大值或最小值的问

题,新课标相对于旧课标,其要求从探索并了解改为了理解,提高了要求.

例 3　当 $x > 3$ 时,求函数 $y = \dfrac{2x^2}{x-3}$ 的值域.

解　因为 $x > 3$,所以 $x - 3 > 0$.所以

$$y = \frac{2x^2}{x-3} = \frac{2(x-3)^2 + 12(x-3) + 18}{x-3}$$

$$= 2(x-3) + \frac{18}{x-3} + 12 \geqslant 2\sqrt{2(x-3) \cdot \frac{18}{x-3}} + 12 = 24,$$

当且仅当 $2(x-3) = \dfrac{18}{x-3}$,即 $x = 6$ 时,上式等号成立.

因此,当 $x > 3$ 时,函数 $y = \dfrac{2x^2}{x-3}$ 的值域为 $[24,\ +\infty)$.

例 4　某建筑公司用 8000 万元购得一块空地,计划在该地块上建造一栋至少 12 层、每层 4000 平方米的楼房.经初步估计得知,如果将楼房建为 $x(x \geqslant 12)$ 层,则每平方米的平均建筑费用为 $Q(x) = 3000 + 50x$(单位:元).为了使楼房每平方米的平均综合费用最少,该楼房应建多少层? 每平方米的平均综合费用最少为多少?

$\bigg($注:平均综合费用 = 平均建筑费用 + 平均购地费用,平均购地费用 = $\dfrac{\text{购地总费用}}{\text{建筑总面积}}\bigg)$

解　设楼房每每平方米的平均综合费用为 $f(x)$ 元,依题意得

$$f(x) = Q(x) + \frac{8000 \times 10\,000}{4000x} = 50x + \frac{20\,000}{x} + 3000$$

$$\geqslant 2\sqrt{50x \cdot \frac{20\,000}{x}} + 3000 = 5000(\text{元})(x \geqslant 12,\ x \in \mathbf{N}^*),$$

当且仅当 $50x = \dfrac{20\,000}{x}$,即 $x = 20$ 时,上式等号成立,所以当 $x = 20$ 时,$f(x)$ 取得最小值 5000 元.

所以为了使楼房每平方米的平均综合费用最少,该楼房应建 20 层,每平方米的平均综合费用最少为 5000 元.

例 5　一批货物随 17 列货车从 A 市以 v km/h 匀速直达 B 市,已知两地铁路线长 400 km,为了安全,两列货车的间距不得小于 $\left(\dfrac{v}{20}\right)^2$ km,那么这批货物全部运到 B 市,最快需要 _____ h.

解　设这批货物从 A 市全部运到 B 市的时间为 t,则

$$t = \frac{400 + 16\left(\dfrac{v}{20}\right)^2}{v} = \frac{400}{v} + \frac{16v}{400} \geqslant 2\sqrt{\frac{400}{v} \times \frac{16v}{400}} = 8(\text{h}),$$

当且仅当 $\dfrac{400}{v} = \dfrac{16v}{400}$，即 $v = 100$ 时，上式等号成立.

　　所以这批货物全部运到 B 市，最快需要 8 h.

　　说明：基本不等式是研究不等关系的一种重要形式，基本不等式的代数结构 $\sqrt{ab} \leqslant \dfrac{a+b}{2}(a、b \geqslant 0)$ 也是数学模型思想的一个范例，旧课标只要求探究并了解基本不等式的证明过程及基本不等式解决实际问题的简单应用，对不等式证明的要求较低，教学时也不必加深，在后续学习"选修 2-2"中的推理与证明、"选修 4-5"中的不等式选讲时得到加强；而新课标中并没有安排推理与证明和不等式选讲的内容，而是对基本不等式这部分内容提高了要求. 结合具体实例，能用基本不等式解决简单的求最大值或最小值的问题，从中领会不等式 $\sqrt{ab} \leqslant \dfrac{a+b}{2}(a、b \geqslant 0)$ 成立的三个限制条件（一正、二定、三相等）在求解实际问题的最值中的作用.

第四节　从函数观点看一元二次方程和一元二次不等式

一、教学要求对比

内容	新课标	旧课标	区别
（1）从函数观点看一元二次方程	会结合一元二次函数的图象，判断一元二次方程实根的存在性及实根的个数，了解函数的零点与方程根的关系.	结合二次函数的图象，判断一元二次方程根的存在性及根的个数，从而了解函数的零点与方程根的联系.（必修1）	新课标对二次函数进行了重新整合，使得知识更成体系.
（2）从函数观点看一元二次不等式	① 经历从实际情境中抽象出一元二次不等式的过程，了解一元二次不等式的现实意义. 能借助一元二次函数求解一元二次不等式，并能用集合表示一元二次不等式的解集. ② 借助一元二次函数的图象，了解一元二次不等式与相应函数、方程的联系.	① 经历从实际情境中抽象出一元二次不等式模型的过程. ② 通过函数图象了解一元二次不等式与相应函数、方程的联系. ③ 会解一元二次不等式，对给定的一元二次不等式，尝试设计求解的程序框图.	新课标要求了解一元二次不等式的现实意义，加强了一元二次不等式的应用性，加强了利用函数解不等式的思想，删除了"尝试设计求解的程序框图"，体现了新课标对算法要求的一致性.

二、对应题型示例

★ 新课标要求但旧课标不要求

■ 1. 新课标对二次函数进行了重新整合,使得知识更成体系,同时对二次函数、不等式与相应方程之间关系的要求也有所提高.

例1 若不等式 $(1-a)x^2-4x+6>0$ 的解集是 $\{x \mid -3<x<1\}$.

(1) 解不等式 $2x^2+(2-a)x-a>0$;

(2) b 为何值时, $ax^2+bx+3\geqslant 0$ 的解集为 **R**.

解 (1) 由题意知, $1-a<0$ 且 -3 和 1 是方程 $(1-a)x^2-4x+6=0$ 的两根,所以

$$
\begin{cases}
1-a<0, \\
\dfrac{4}{1-a}=-2, \\
\dfrac{6}{1-a}=-3,
\end{cases}
$$

解得 $a=3$. 所以不等式 $2x^2+(2-a)x-a>0$,即 $2x^2-x-3>0$,解得 $x<-1$ 或 $x>\dfrac{3}{2}$. 所以,不等式的解集为 $\left\{x \left| x<-1 \text{ 或 } x>\dfrac{3}{2}\right.\right\}$.

(2) $ax^2+bx+3\geqslant 0$,即为 $3x^2+bx+3\geqslant 0$,若此不等式的解集为 **R**,则 $\Delta=b^2-4\times 3\times 3\leqslant 0$,所以 $-6\leqslant b\leqslant 6$. 即当 $-6\leqslant b\leqslant 6$ 时, $ax^2+bx+3\geqslant 0$ 的解集为 **R**.

例2 解关于 x 的不等式 $ax^2-2(a+1)x+4>0$.

解 (1) 当 $a=0$ 时,原不等式可化为 $-2x+4>0$,解得 $x<2$,所以原不等式的解集为 $\{x \mid x<2\}$.

(2) 当 $a>0$ 时,原不等式可化为 $(ax-2)(x-2)>0$,对应方程的两个根为 $x_1=\dfrac{2}{a}$, $x_2=2$.

① 当 $0<a<1$ 时, $\dfrac{2}{a}>2$,所以原不等式的解集为 $\left\{x \left| x>\dfrac{2}{a} \text{ 或 } x<2\right.\right\}$;

② 当 $a=1$ 时, $\dfrac{2}{a}=2$,所以原不等式的解集为 $\{x \mid x\neq 2\}$;

③ 当 $a>1$ 时, $\dfrac{2}{a}<2$,所以原不等式的解集为 $\left\{x \left| x>2 \text{ 或 } x<\dfrac{2}{a}\right.\right\}$.

（3）当 $a<0$ 时,原不等式可化为 $(-ax+2)(x-2)<0$,对应方程的两个根为 $x_1=\dfrac{2}{a}$, $x_2=2$,则 $\dfrac{2}{a}<2$,所以原不等式的解集为 $\left\{x\ \middle|\ \dfrac{2}{a}<x<2\right\}$.

综上,当 $a<0$ 时,原不等式的解集为 $\left\{x\ \middle|\ \dfrac{2}{a}<x<2\right\}$;

当 $a=0$ 时,原不等式的解集为 $\{x\ |\ x<2\}$;

当 $0<a<1$ 时,原不等式的解集为 $\left\{x\ \middle|\ x>\dfrac{2}{a}\ 或\ x<2\right\}$;

当 $a=1$ 时,原不等式的解集为 $\{x\ |\ x\neq 2\}$;

当 $a>1$ 时,原不等式的解集为 $\left\{x\ \middle|\ x>2\ 或\ x<\dfrac{2}{a}\right\}$.

说明:从函数观点理解方程和不等式是数学的基本思想方法.通过梳理初中数学的相关内容,理解函数、方程和不等式之间的联系,体会数学的整体性.该内容是初中相关知识的延续与深化,而且与后续学习数列、三角函数、直线与圆锥曲线以及导数等内容密切相关,许多问题的解决都依赖一元二次不等式及一元二次方程,该内容在整个高中数学学习中具有很强的基础性作用,是一个重要的工具,因此新课标通过梳理知识,达到知识整合、模块系统化的目的.

■　2. 新课标要求经历从实际情境中抽象出一元二次不等式模型的过程,了解一元二次不等式的现实意义,加强了一元二次不等式的应用性.

例3　在一条限速 40 km/h 的弯道上,甲、乙两辆汽车相向而行,发现情况不对,同时刹车,但还是相碰了.事发后现场测得甲车的刹车距离略超过 12 m,乙车的刹车距离略超过 10 m.又知甲、乙两种车型的刹车距离 S m 与车速 x km/h 之间分别有如下关系:$S_甲=0.1x+0.01x^2$, $S_乙=0.05x+0.005x^2$.问此次超速行驶谁应负主要责任.

解　由题意列出不等式 $S_甲=0.1x_甲+0.01x_甲^2>12$, $S_乙=0.05x_乙+0.005x_乙^2>10$.

分别求解,得 $x_甲<-40$ 或 $x_甲>30$, $x_乙<-50$ 或 $x_乙>40$.

由于 $x>0$,从而得 $x_甲>30$ km/h, $x_乙>40$ km/h.

经比较知,乙车超过限速,应负主要责任.

说明:通过具体实例,用所学知识解决实际问题,增强学生的应用意识,丰富学生的基本活动经验,同时又从实践上升到理论,提升学生的认知水平,加深对一元二次不等式的理解,体验数学建模.

☆ 旧课标要求但新课标不要求

■ 旧课标对尝试设计求解的程序框图有明确要求;而新课标对程序框图不作要求,删除了该内容. 但教材中仍然展示了一元二次不等式求解过程的框图,培养学生由特殊到一般的归纳总结能力. 算法是跨学科内容,在新课标中,信息技术课程将算法作为必修课程,因此数学课程中就不再重复安排算法内容,但数学课程中仍展示框图,强调解决问题思路的重要性.

例 4 通过学习一元二次不等式的解法,将图中判断框与处理框中的内容补充完整.

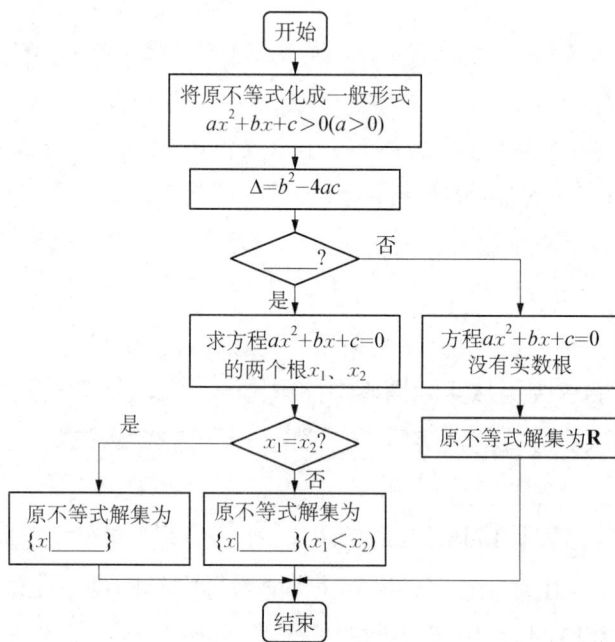

(例 4)

解 所填内容依次为:$\Delta \geqslant 0$;$x \neq x_1$;$x < x_1$ 或 $x > x_2$.

★ 新课标和旧课标都要求但要求不同

■ 在一元二次不等式的求解上,新课标要求能借助一元二次函数求解一元二次不等式,并能用集合表示一元二次不等式的解集,加强了利用函数解不等式的思想,并明确了解不等式结果的表现形式,要求更明确.

例 5 求不等式 $x^2 - 5x + 6 > 0$ 的解集.

解 对于方程 $x^2-5x+6=0$,因为 $\Delta>0$,所以它有两个实数根,解得 $x_1=2$,$x_2=3$.画出二次函数 $y=x^2-5x+6$ 的图象,如图所示,结合图象得不等式 $x^2-5x+6>0$ 的解集为 $\{x \mid x<2$ 或 $x>3\}$.

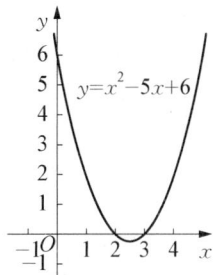

(例5解答)

例6 求不等式 $-x^2+2x-3>0$ 的解集.

解 原不等式可化为 $x^2-2x+3<0$,因为 $\Delta=-8<0$,所以方程 $x^2-2x+3=0$ 无实数根.画出二次函数 $y=x^2-2x+3$ 的图象,结合图象得不等式 $x^2-2x+3<0$ 的解集为 $\varnothing$.因此,原不等式的解集为 $\varnothing$.

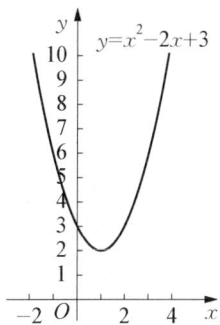

(例6解答)

主题二 函数

第一节 函数概念与性质

一、教学要求对比

内容	新课标	旧课标	区别
（1）函数概念	① 在初中用变量之间的依赖关系描述函数的基础上，用集合语言和对应关系刻画函数，建立完整的函数概念，体会集合语言和对应关系在刻画函数概念中的作用．了解构成函数的要素，能求简单函数的定义域。 ② 在实际情境中，会根据不同的需要选择恰当的方法（如图象法、列表法、解析法）表示函数，理解函数图象的作用。 ③ 通过具体实例，了解简单的分段函数，并能简单应用。	① 通过丰富实例，进一步体会函数是描述变量之间的依赖关系的重要数学模型，在此基础上学习用集合与对应的语言来刻画函数，体会对应关系在刻画函数概念中的作用；了解构成函数的要素，会求一些简单函数的定义域和值域；了解映射的概念。 ② 在实际情境中，会根据不同的需要选择恰当的方法（如图象法、列表法、解析法）表示函数。 ③ 通过具体实例，了解简单的分段函数，并能简单应用。	新课标在函数概念的建立上提出了具体要求，在初中用变量之间依赖关系描述函数的基础上，用集合语言和对应关系刻画函数，体现了集合知识的应用性要求。 新课标删除了求简单函数的值域的要求和映射的概念。 新课标特别提出了理解函数图象的作用，培养和提高学生直观想象的能力与数形结合的意识。
（2）函数性质	① 借助函数图象，会用符号语言表达函数的单调性、最大值、最小值，理解它们的作用和实际意义。 ② 结合具体函数，了解奇偶性的概念和几何意义。	① 通过已学过的函数特别是二次函数，理解函数的单调性、最大（小）值及其几何意义；结合具体函数，了解奇偶性的含义。	新课标对函数性质作了更细致的表述，借助函数图象，了解几何意义，要求从几何直观等角度理解抽象的函数性质，对函数单调性与最值的实际意义提高了要求，强调了符号语言的表达。

内容	新课标	旧课标	区别
（2）函数性质	③ 结合三角函数,了解周期性的概念和几何意义.	② 学会运用函数图象理解和研究函数的性质.	
（3）*函数的形成与发展	收集、阅读函数的形成与发展的历史资料,撰写小论文,论述函数发展的过程、重要结果、主要人物、关键事件及其对人类文明的贡献.		新课标提出收集、阅读函数的形成与发展的历史资料,撰写小论文论述函数发展的过程、重要结果、主要人物、关键事件及其对人类文明的贡献,注重数学文化的渗透和体现数学文化的育人功能.

二、对应题型示例

★ 新课标要求但旧课标不要求

■ 新课标对函数的图象单独作了说明,而且其要求是理解层面.

例 1 如图①所示,向高为 H 的水瓶 A、B、C、D 内同时以等速注水,注满为止.

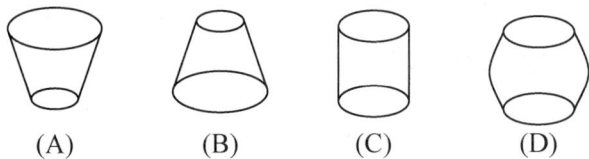

(A)   (B)   (C)   (D)

(例 1①)

（1）若水深 h 与注水时间 t 的函数图象是图②中的 a,则水瓶的形状是_____;

（2）若水量 v 与水深 h 的函数图象是图②中的 b,则水瓶的形状是_____;

（3）若水深 h 与注水时间 t 的函数图象是图②中的 c,则水瓶的形状是_____;

（4）若注水时间 t 与水深 h 的函数图象是图②中的 d，则水瓶的形状是_____.

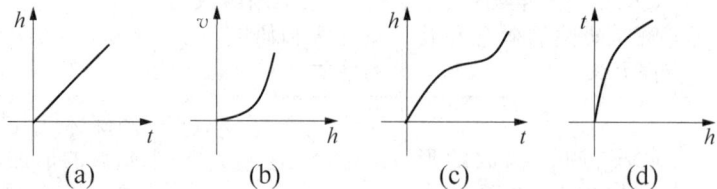

(a)　　　　(b)　　　　(c)　　　　(d)

（例1②）

解　（1）C　（2）A　（3）D　（4）B

例2　（1）试作出函数 $y = x + \dfrac{1}{x}$ 的图象；

（2）对每一个实数 x，三个数 $-x$、x、$1-x^2$ 中最大者记为 y，试判断 y 是否是 x 的函数？若是，作出其图象，讨论其性质（包括定义域、值域、单调性、最值）；若不是，说明理由.

解　（1）因为 $f(x) = x + \dfrac{1}{x}$，所以 $f(x)$ 为奇函数，从而可以作出 $x > 0$ 时 $f(x)$ 的图象，继而得到 $y = x + \dfrac{1}{x}$ 的图象.

因为 $x > 0$ 时，$f(x) \geqslant 2$，所以 $x = 1$ 时，$f(x)$ 取得最小值，最小值为 2，即图象最低点为 $(1,2)$.

又因为 $f(x)$ 在 $(0,1)$ 上为减函数，在 $(1, +\infty)$ 上是增函数，同时，$f(x) = x + \dfrac{1}{x} > x (x > 0)$，即以 $y = x$ 为渐近线，于是 $x > 0$ 时，函数的图象应为图①，因此 $y = x + \dfrac{1}{x}$ 的图象为图②所示.

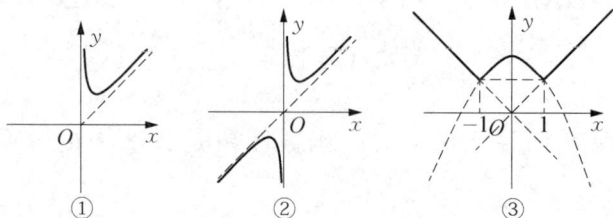

①　　　　②　　　　③

（例2解答）

（2）y 是 x 的函数，作出 $g_1(x) = x$，$g_2(x) = -x$，$g_3(x) = 1 - x^2$ 的图象，由图象可知：$y = f(x)$ 的图象是图③中的实线部分，定义域为 **R**；值域为

$[1, +\infty)$；单调增区间为$[-1, 0)$和$[1, +\infty)$；单调减区间为$(-\infty, -1)$和$[0, 1)$；当$x = \pm 1$时，函数取得最小值1；函数无最大值.

说明：熟练掌握基本函数的图象，能从函数的图象特征去讨论函数的主要性质，这是数形结合思想方法的应用，也是提升数学抽象素养和直观想象素养的途径.

☆ 旧课标要求但新课标不要求

■ 1. 旧课标对"求简单函数的值域"有明确要求；而新课标对这部分内容不作要求，删除了该内容.

例3 求函数$y = \dfrac{1 - 2^x}{1 + 2^x}$的值域.

解 由$y = \dfrac{1 - 2^x}{1 + 2^x}$，解得$2^x = \dfrac{1 - y}{1 + y}$. 因为$2^x > 0$，所以$\dfrac{1 - y}{1 + y} > 0$，所以$-1 < y < 1$，所以函数$y = \dfrac{1 - 2^x}{1 + 2^x}$的值域为$(-1, 1)$.

例4 求函数$y = 2x + \sqrt{1 - 2x}$的值域.

解 令$t = \sqrt{1 - 2x}\ (t \geqslant 0)$，则$x = \dfrac{1 - t^2}{2}$，所以

$$y = -t^2 + t + 1 = -\left(t - \dfrac{1}{2}\right)^2 + \dfrac{5}{4}.$$

因为当$t = \dfrac{1}{2}$，即$x = \dfrac{3}{8}$时，$y_{\max} = \dfrac{5}{4}$，y无最小值，所以函数$y = 2x + \sqrt{1 - 2x}$的值域为$\left(-\infty, \dfrac{5}{4}\right]$.

例5 求函数$y = \dfrac{x^2 - x + 3}{x^2 - x + 1}$的值域.

解 由$y = \dfrac{x^2 - x + 3}{x^2 - x + 1}$，得$(y - 1)x^2 - (y - 1)x + y - 3 = 0$.

当$y = 1$时，此方程无解；

当$y \neq 1$时，因为$x \in \mathbf{R}$，所以$\Delta = (y - 1)^2 - 4(y - 1)(y - 3) \geqslant 0$，解得$1 \leqslant y \leqslant \dfrac{11}{3}$，又因为$y \neq 1$，所以$1 < y \leqslant \dfrac{11}{3}$.

所以，函数$y = \dfrac{x^2 - x + 3}{x^2 - x + 1}$的值域为$\left\{y \,\middle|\, 1 < y \leqslant \dfrac{11}{3}\right\}$.

例6 求函数$y = \dfrac{x^2 - 1}{x^2 + 1}$的值域.

解　由函数的解析式可以知道,函数的定义域为 $\mathbf{R}$,对函数进行变形可得

$$(y-1)x^2 = -(y+1).$$

因为 $y \neq 1$,所以 $x^2 = -\dfrac{y+1}{y-1}(x \in \mathbf{R},\ y \neq 1)$,所以 $-\dfrac{y+1}{y-1} \geqslant 0$,所以 $-1 \leqslant y < 1$. 所以,函数 $y = \dfrac{x^2-1}{x^2+1}$ 的值域为 $\{y \mid -1 \leqslant y < 1\}$.

说明:新课标删除了求简单函数值域的内容,这与新课标的理念——优化课程结构,突出主线,精选内容,聚焦素养,重视通性通法等要求是一致的.

■ **2.** 旧课标对"映射的概念"有明确要求;而新课标对这部分内容不作要求, 删除了该内容.

例7　(1) $A = \mathbf{R}$, $B = \{y \mid y > 0\}$, $f : x \to y = |x|$;

(2) $A = \{x \mid x \geqslant 2,\ x \in \mathbf{N}^*\}$, $B = \{y \mid y \geqslant 0,\ y \in \mathbf{N}\}$, $f : x \to y = x^2 - 2x + 2$;

(3) $A = \{x \mid x > 0\}$, $B = \{y \mid y \in \mathbf{R}\}$, $f : x \to y = \pm\sqrt{x}$.

上述三个对应中,_____是 A 到 B 的映射.

解　在解决考查映射的概念的题目时,必须把握两点:一是 A、B 为非空集合(不一定是数集);二是对于任意一个数 x,按照确定的法则 f,都有唯一确定的数值 y 与它对应,必须是唯一的,即 A 到 B 只能是一对一或多对一,不能出现一对多.

对于(1), A 中的元素 0 没有与之对应的象;对于(3), A 中元素的象不唯一;只有(2)符合映射的定义.因此答案为(2).

例8　设集合 $M = \{-1,\ 0,\ 1\}$, $N = \{-2,\ -1,\ 0,\ 1,\ 2\}$,如果从 M 到 N 的映射 f 满足条件:对 M 中的每个元素 x 与它在 N 中的象 $f(x)$ 的和都为奇数,则映射 f 的个数是(　　).

A. 8　　　　　　　　　　B. 12

C. 16　　　　　　　　　　D. 18

解　因为 $x + f(x)$ 为奇数,所以当 x 为奇数 -1、1 时,它们在 N 中的象只能为偶数 -2、0 或 2,故对应方法有 $3 \times 3 = 9$ 种;而当 $x = 0$ 时,它在 N 中的象为奇数 -1 或 1,共有 2 种对应方法.因此映射 f 的个数是 $9 \times 2 = 18$.因此选 D.

✸ **新课标和旧课标都要求但要求不同**

■ 1. 新课标要求：在初中用变量之间的依赖关系描述函数的基础上，用集合语言和对应关系刻画函数，建立完整的函数概念，体会集合语言和对应关系在刻画函数概念中的作用. 通过学习，能够建立比较完整的函数概念，不仅能把函数理解为刻画变量之间依赖关系的数学语言和工具，也能把函数理解为实数集合之间的对应关系.

例 9 分别判断 f 是否为 A 上的一个函数（函数值均为 **R** 中的元素）

(1) $A = \mathbf{R}$，f 为"加 1"；　　(2) $A = [0, +\infty)$，f 为"开平方"；

(3) $A = \mathbf{R}$，f 为"求倒数"；　　(4) $A = [0, +\infty)$，f 为"求算术平方根".

解　(1)、(4) 中的 f 为 A 上的一个函数.

说明：在高中阶段的函数概念教学中，教师应该在学生已有函数概念的基础上，选取比较直观且学生比较熟悉的具体例子为背景，让学生尝试用之前学过的集合语言去描述这种对应关系，经历从具体到抽象、由特殊到一般，逐步抽象概括的过程，培养学生的数学抽象素养.

■ 2. 新课标在函数性质的要求上与旧课标不同，新课标要求借助函数图象，会用符号语言表达函数的单调性、最大值、最小值，培养和提升直观想象素养和数学抽象素养.

例 10 如图为某市一天内的气温变化图.

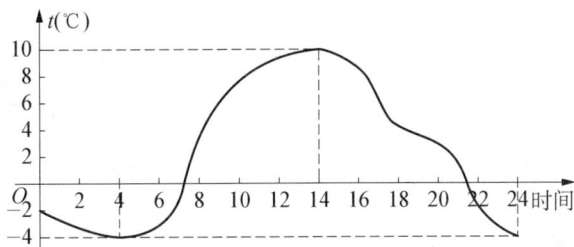

(例 10)

(1) 观察这个气温变化图，说出气温在这一天内的变化情况.

(2) 怎样用数学语言刻画在这一天内"随着时间的推移，气温逐渐升高或降低"这一特征？

解 （1）这一天中的最高气温为 $10℃$,出现在中午 14 时,最低气温为 $-4℃$,出现在早上 4 时,最大温差为 $14℃$.这一天 0 时至 4 时、14 时至 24 时气温在逐渐降低,4 时至 14 时气温在逐渐升高.

（2）举例说明用数学语言刻画在这一天内"随着时间的推移,气温逐渐升高或降低"这一特征,例如：

在时间$[4,14]$内,任取两个时刻 x_1、x_2,当 $x_1 < x_2$ 时,都有 x_2 时的气温比 x_1 时的气温高,这就是随着时间的推移,气温逐渐升高.

在时间$[0,4]$内,任取两个时刻 x_1、x_2,当 $x_1 < x_2$ 时,都有 x_2 时的气温比 x_1 时的气温低,这就是随着时间的推移,气温逐渐降低.

说明：借助图象的观察、分析,逐步理解函数的单调性及其几何意义,从观察具体函数的图象特征入手,结合相应问题,引导如何从图象升降的直观认识过渡到函数增减的数学符号语言表述,一步步转化到用数学语言形式化地建立增（减）函数的概念,并理解、运用由特殊到一般,由具体到抽象,由自然语言到符号语言,提升学生的数学思维能力,使学生学会科学地思考问题,科学地解决问题.

第二节　幂函数、指数函数、对数函数

一、教学要求对比

内容	新课标	旧课标	区别
（1）幂函数	通过具体实例,结合 $y=x$,$y=\dfrac{1}{x}$,$y=x^2$,$y=\sqrt{x}$,$y=x^3$ 的图象,理解它们的变化规律,了解幂函数.	通过实例,了解幂函数的概念；结合函数 $y=x$,$y=x^2$,$y=x^3$,$y=\dfrac{1}{x}$,$y=x^{\frac{1}{2}}$ 的图象,了解它们的变化情况.	新课标相对于旧课标改变了课程的顺序,遵循学生从具体到抽象的认知规律.新课标的安排顺序是幂函数、指数函数、对数函数,先学习幂函数,在具体函数的安排上,也把初中熟悉的反比例函数 $y=\dfrac{1}{x}$ 放在更前的位置.相对于旧课标,新课标更符合学生的认知规律,把 $y=x^{\frac{1}{2}}$ 的形式也作了改变,体现了数学的简洁性.

内容	新课标	旧课标	区别
（2）指数函数	① 通过对有理数指数幂 $a^{\frac{m}{n}}$（$a>0$,且 $a\neq1$；m、n 为整数,且 $n>0$）、实数指数幂 a^x（$a>0$,且 $a\neq1$；$x\in\mathbf{R}$）含义的认识,了解指数幂的拓展过程,掌握指数幂的运算性质. ② 通过具体实例,了解指数函数的实际意义,理解指数函数的概念. ③ 能用描点法或借助计算工具画出具体指数函数的图象,探索并理解指数函数的单调性与特殊点.	① 通过具体实例（如细胞的分裂,考古中所用的 ^{14}C 的衰减,药物在人体内残留量的变化等）,了解指数函数模型的实际背景. ② 理解有理数指数幂的含义,通过具体实例了解实数指数幂的意义,掌握幂的运算. ③ 理解指数函数的概念和意义,能借助计算器或计算机画出具体指数函数的图象,探索并理解指数函数的单调性与特殊点. ④ 在解决简单实际问题的过程中,体会指数函数是一类重要的函数模型.	新课标改变了课程的顺序,从数的扩充的角度认识指数的含义,掌握运算性质,而对有理数指数幂的含义不再作理解的要求,对引出指数函数的具体实例没有作要求,把运用指数函数模型解决实际问题放在函数应用中作统一要求.
（3）对数函数	① 理解对数的概念和运算性质,知道用换底公式能将一般对数转化成自然对数或常用对数. ② 通过具体实例,了解对数函数的概念.能用描点法或借助计算工具画出具体对数函数的图象,探索并了解对数函数的单调性与特殊点. ③ 知道对数函数 $y=\log_a x$ 与指数函数 $y=a^x$ 互为反函数（$a>0$,且 $a\neq1$）.	① 理解对数的概念及其运算性质,知道用换底公式能将一般对数转化成自然对数或常用对数；通过阅读材料,了解对数的发现历史以及对简化运算的作用. ② 通过具体实例,直观了解对数函数模型所刻画的数量关系,初步理解对数函数的概念,体会对数函数是一类重要的函数模型；能借助计算器或计算机画出具体对数函数的图象,探索并了解对数函数的单调性与特殊点.	新课标对对数函数作图提出了描点法的具体要求,把运用对数函数模型解决实际问题放在函数应用中作统一要求. 对对数概念的形成与发展、对数发明的过程以及对数对简化运算的作用提出要求,对数学文化的要求更具体、更明确.

内容	新课标	旧课标	区别
（3）对数函数	④ ＊收集、阅读对数概念的形成与发展的历史资料,撰写小论文,论述对数发明的过程以及对数对简化运算的作用.	③ 知道指数函数 $y=a^x$ 与对数函数 $y=\log_a x$ 互为反函数$(a>0,\ a\neq1)$.	

二、对应题型示例

★ *新课标要求但旧课标不要求*

■ 1. 新课标相对于旧课标改变了课程的顺序,通过具体函数图象研究这些函数的性质,通过归纳,抽象概括出五个幂函数的基本性质,发展学生直观想象和数学抽象素养.

例 1　结合以往学习函数的经验,应如何研究 $y=x$、$y=\dfrac{1}{x}$、$y=x^2$、$y=\sqrt{x}$、$y=x^3$ 等函数?

解　通常可以先根据函数解析式求出函数定义域,再通过列表描点或信息技术手段画出函数图象,再利用图象和解析式,讨论函数的值域、单调性、奇偶性等问题.

在同一个直角坐标系下画出函数图象,如图所示,通过函数图象,我们得到:

（1）函数 $y=x$、$y=\dfrac{1}{x}$、$y=x^2$、$y=\sqrt{x}$、$y=x^3$ 的图象都经过点(1，1);

（2）函数 $y=x$、$y=\dfrac{1}{x}$、$y=x^3$ 是奇函数,函数 $y=x^2$ 是偶函数;

（3）在区间$(0，+\infty)$上,函数 $y=x$、$y=x^2$、$y=\sqrt{x}$、$y=x^3$ 单调递增,函数 $y=\dfrac{1}{x}$ 单调递减;

（4）在第一象限内,函数 $y=\dfrac{1}{x}$ 的图象向

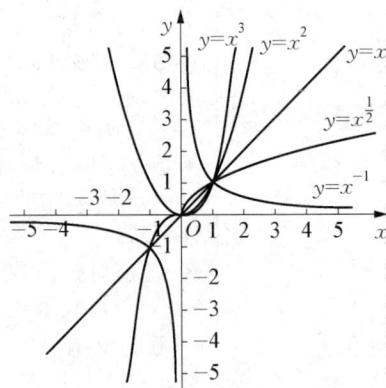

（例 1 解答）

上与 y 轴无限接近,向右与 x 轴无限接近.

说明：通过幂函数的学习,体验研究一类函数的过程和方法.

■ 2. 新课标改变了课程的顺序,通过对有理数指数幂 $a^{\frac{m}{n}}$ ($a > 0$,且 $a \neq 1$, m、n 为整数,且 $n > 0$)、实数指数幂 a^x ($a > 0$,且 $a \neq 1$, $x \in \mathbf{R}$) 含义的认识,了解指数幂的拓展过程,掌握指数幂的运算性质,从数的扩充角度,认识指数的含义,掌握运算性质,再去研究函数,指数函数是以指数概念和指数运算法则作为基础展开的.

例2 求值或化简：

(1) $8^{\frac{2}{3}}$; (2) $\left(\dfrac{16}{81}\right)^{-\frac{3}{4}}$; (3) $\left(\dfrac{1}{4}\right)^{-\frac{1}{2}} \cdot \dfrac{(\sqrt{4ab^{-1}})^3}{(0.1)^{-2}(a^3b^{-3})^{\frac{1}{2}}}$ ($a > 0$, $b > 0$).

解 (1) $8^{\frac{2}{3}} = (2^3)^{\frac{2}{3}} = 2^{3 \times \frac{2}{3}} = 2^2 = 4$.

(2) $\left(\dfrac{16}{81}\right)^{-\frac{3}{4}} = \left[\left(\dfrac{2}{3}\right)^4\right]^{-\frac{3}{4}} = \left(\dfrac{2}{3}\right)^{4 \times (-\frac{3}{4})} = \left(\dfrac{2}{3}\right)^{-3} = \dfrac{27}{8}$.

(3) $\left(\dfrac{1}{4}\right)^{-\frac{1}{2}} \cdot \dfrac{(\sqrt{4ab^{-1}})^3}{(0.1)^{-2}(a^3b^{-3})^{\frac{1}{2}}} = \dfrac{4^{\frac{1}{2}} \times 4^{\frac{3}{2}}}{10^2} a^{\frac{3}{2}} \cdot a^{-\frac{3}{2}} \cdot b^{-\frac{3}{2}} \cdot b^{\frac{3}{2}} = \dfrac{4}{25}$.

说明：引导学生经历从整数指数到有理数指数,再到实数指数的拓展过程,逐步掌握指数运算法则和变化规律,其中蕴含了许多重要的数学思想,如推广的思想(指数幂运算律的推广)、逼近的思想(有理数指数幂逼近无理数指数幂)等,培养学生观察分析、抽象类比的能力.

■ 3. 新课标对指数函数和对数函数的作图提出了描点法(或计算机作图)的具体要求,与初中研究函数问题的方法统一,使学生前后知识的学习更具连贯性.

例3 利用描点法在同一直角坐标系中分别作出函数 $f(x) = 2^x$ 和 $g(x) = 0.5^x$ 的图象.

解 列表如下：

x	$\cdots$	-3	-2	-1	-0.5	0	0.5	1	2	3	$\cdots$
$f(x) = 2^x$	$\cdots$	0.125	0.25	0.5	0.71	1	1.4	2	4	8	$\cdots$
$g(x) = 0.5^x$	$\cdots$	8	4	2	1.4	1	0.71	0.5	0.25	0.125	$\cdots$

描点作图,如图所示.

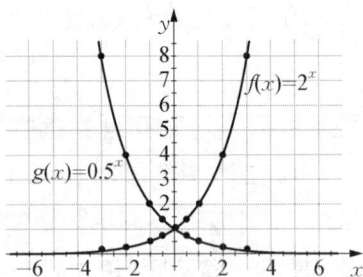

(例3解答)

☆ 旧课标要求但新课标不要求

■ 旧课标对"理解有理数指数幂的含义"要求理解;而新课标对这部分内容不作要求.

例4 $5^{\sqrt{2}}$ 是否表示一个确定的实数? 它的大小如何确定呢?

解 列表如下:

$\sqrt{2}$的过剩近似值	$5^{\sqrt{2}}$的近似值	$\sqrt{2}$的不足近似值	$5^{\sqrt{2}}$的近似值
1.5	11.180 339 89	1.4	9.518 269 694
1.42	9.829 353 28	1.41	9.672 669 973
1.415	9.750 851 808	1.414	9.735 171 039
1.4143	9.739 872 62	1.414 2	9.738 305 174
1.414 22	9.738 618 643	1.414 213	9.738 461 907
1.414 214	9.738 524 602	1.414 213	9.738 508 928
1.414 213 6	9.738 518 332	1.414 213 5	9.738 516 765
1.414 213 57	9.738 517 862	1.414 213 56	9.738 517 705
1.414 213 563	9.738 177 52	1.414 213 562	9.738 517 736
…	…	…	…

在数轴上近似地表示这些点,数轴上的数字表明,一方面 $5^{\sqrt{2}}$ 从 $5^{1.4}$, $5^{1.41}$, $5^{1.414}$, $5^{1.4142}$, $5^{1.41421}$, …,即小于 $5^{\sqrt{2}}$ 的方向接近 $5^{\sqrt{2}}$,而另一方面 $5^{\sqrt{2}}$ 从 $5^{1.5}$, $5^{1.42}$, $5^{1.415}$, $5^{1.4143}$, $5^{1.41422}$, …,即大于 $5^{\sqrt{2}}$ 的方向接近 $5^{\sqrt{2}}$,可以说从两个方向无限地接近 $5^{\sqrt{2}}$,即逼近 $5^{\sqrt{2}}$,所以按上述变化规律变化的结果,表示这些数的点从两个方向向表示 $5^{\sqrt{2}}$ 的点靠近,但这个点一定在数轴上,由此我们可得到的结论是 $5^{\sqrt{2}}$ 一定是一个实数,即

$$5^{1.4} < 5^{1.41} < 5^{1.414} < 5^{1.4142} < 5^{1.414\,21} < \cdots < 5^{\sqrt{2}} < \cdots$$
$$< 5^{1.414\,22} < 5^{1.4143} < 5^{1.415} < 5^{1.42} < 5^{1.5},$$

表明 $5^{\sqrt{2}}$ 是一个实数. 事实上, 这其中含有极限的思想.

✸ 新课标和旧课标都要求但要求不同

■ 高一阶段的函数应用是简单、初级的, 其目的在于通过应用让学生加深对函数的理解, 初步感受数学思想和数学建模的过程, 由于新课标对数学建模进行了整合, 所以在函数应用方面要把握好度, 应尽量选取贴近学生生活且相对简单的背景, 新课标和旧课标在这方面的要求不同.

例5 假设某地初始物价为 1, 每年以 5% 的增长率递增, 经过 y 年后的物价为 x.

(1) 该地的物价经过几年后会翻一番?

(2) 填写下表, 并根据表中的数据, 说明该地物价的变化规律.

物价 x	1	2	3	4	5	6	7	8	9	10
年数 y	0									

解 (1) 由题意可知, 经过 y 年后的物价 x 为 $x = (1 + 5\%)^y$, 即 $x = 1.05^y$, $y \in [0, +\infty)$.

由对数与指数间的关系, 可得 $y = \log_{1.05} x$, $x \in [1, +\infty)$.

由计算工具可得, 当 $x = 2$ 时, $y \approx 14$.

所以, 该地区的物价大约经过 14 年后会翻一番.

(2) 根据函数 $y = \log_{1.05} x$, $x \in [1, +\infty)$, 利用计算工具, 可得下表:

物价 x	1	2	3	4	5	6	7	8	9	10
年数 y	0	14	23	28	33	37	40	43	45	47

由表中数据可以发现, 该地区的物价随时间的增长而增长, 但大约每增加 1 倍所需要的时间在逐渐缩小.

说明: 该题背景设置贴近学生生活, 学生容易理解, 题目先利用指数建模, 再利用对数计算, 让学生对指数函数和对数函数有更深刻的理解. 从学生的基本活动经验出发, 提高学生发现问题、提出问题、分析和解决问题的能力, 培养和提高学生数学建模、数学运算和数据分析的核心素养.

第三节 三角函数

一、教学要求对比

内容	新课标	旧课标	区别
（1）角与弧度	了解任意角的概念和弧度制，能进行弧度与角度的互化，体会引入弧度制的必要性.	了解任意角的概念和弧度制，能进行弧度与角度的互化.	新课标增加了"体会引入弧度制的必要性"，提高了对数学概念形成的关注意识，注重知识发生发展的过程.
（2）三角函数概念和性质	① 借助单位圆理解三角函数（正弦、余弦、正切）的定义，能画出这些三角函数的图象，了解三角函数的周期性、单调性、奇偶性、最大（小）值. 借助单位圆的对称性，利用定义推导出诱导公式（$\alpha \pm \frac{\pi}{2}$、$\alpha \pm \pi$ 的正弦、余弦、正切）. ② 借助图象理解正弦函数、余弦函数在 $[0, 2\pi]$ 上，正切函数在 $\left(-\frac{\pi}{2}, \frac{\pi}{2}\right)$ 上的性质. ③ 结合具体实例，了解 $y = A\sin(\omega x + \varphi)$ 的实际意义；能借助图象理解参数 ω、φ、A 的意义，了解参数的变化对函数图象的影响.	① 借助单位圆理解任意角三角函数（正弦、余弦、正切）的定义. ② 借助单位圆中的三角函数线推导出诱导公式（$\frac{\pi}{2} \pm \alpha$，$\pi \pm \alpha$ 的正弦、余弦、正切），能画出 $y = \sin x$、$y = \cos x$、$y = \tan x$ 的图象，了解三角函数的周期性. ③ 借助图象理解正弦函数、余弦函数在 $[0, 2\pi]$，正切函数在 $\left(-\frac{\pi}{2}, \frac{\pi}{2}\right)$ 上的性质（如单调性、最大和最小值、图象与 x 轴交点等）. ④ 结合具体实例，了解 $y = A\sin(\omega x + \varphi)$ 的实际意义；能借助计算器或计算机画出 $y = A\sin(\omega x + \varphi)$ 的图象，观察参数 A、ω、φ 对函数图象变化的影响.	相对于旧课标借助三角函数线推导诱导公式，新课标要求借助单位圆的对称性，利用定义推导出诱导公式，更能体现利用图形的直观理解数学抽象. 对诱导公式中符号表达 $\frac{\pi}{2} \pm \alpha$，$\pi \pm \alpha$，分别改为 $\alpha \pm \frac{\pi}{2}$、$\alpha \pm \pi$，体现了角度的旋转，更能体现诱导公式的本质. 新课标对函数的性质提出了明确的要求：周期性、单调性、奇偶性、最大（小）值、图象与 x 轴交点等. 改变了参数 A、ω、φ 的顺序，更能体现三角函数是刻画周期变化的函数模型.
（3）同角三角函数的基本关系式	理解同角三角函数的基本关系式：$\sin^2 x + \cos^2 x = 1$，$\frac{\sin x}{\cos x} = \tan x$.	理解同角三角函数的基本关系式：$\sin^2 x + \cos^2 x = 1$，$\frac{\sin x}{\cos x} = \tan x$.	没有区别.

内容	新课标	旧课标	区别
（4）三角恒等变换	① 经历推导两角差余弦公式的过程,知道两角差余弦公式的意义. ② 能从两角差的余弦公式推导出两角和与差的正弦、余弦、正切公式,二倍角的正弦、余弦、正切公式,了解它们的内在联系. ③ 能运用上述公式进行简单的恒等变换（包括推导出积化和差、和差化积、半角公式,这三组公式不要求记忆）.	① 经历用向量的数量积推导出两角差的余弦公式的过程,进一步体会向量方法的作用. ② 能从两角差的余弦公式导出两角和与差的正弦、余弦、正切公式,二倍角的正弦、余弦、正切公式,了解它们的内在联系. ③ 能运用上述公式进行简单的恒等变换（包括引导导出积化和差、和差化积、半角公式,但不要求记忆）.	对推导两角差的余弦公式的方法不作具体化要求,这也是新课标模块调整的原因.
（5）三角函数应用	会用三角函数解决简单的实际问题,体会可以利用三角函数构建刻画事物周期变化的数学模型.	会用三角函数解决一些简单实际问题,体会三角函数是描述周期变化现象的重要函数模型.	没有区别.

二、对应题型示例

★　新课标要求但旧课标不要求

■　弧度属于几何度量问题,通过与之前已经学过的长度、角度、面积、体积的度量的类比,发现用长度度量角度的单位,这也体现了类比推理的思想,而在函数对应的定义中,当自变量 x 是角度时,如果仍然定义 $\sin x$ 是函数,那么 $x+\sin x$ 是不是函数? 如果是函数,那么会出现函数值是实数,但自变量角度不是十进制的情况,怎么相加呢? 如果不是函数,那么会出现自变量与函数值不可以相加的情况,就无法建立一般意义上的初等函数,而函数必须是实数与实数的对应,这也说明了建立弧度制的必要性.

例1 (1) 时间过了 2 小时 20 分,时针和分针各转了多少度?

(2) 时间过了 2 小时 20 分,时针和分针各转了多少弧度?

解 (1) 因为分针 1 小时转 $-360°$,所以分针 2 小时 20 分转 $-360°\times$ $\left(2+\dfrac{1}{3}\right)=-840°$,而时针 1 小时转 $-30°$,所以时针 2 小时 20 分转 $-30°\times$ $\left(2+\dfrac{1}{3}\right)=-70°$.

(2) 因为 $1°=\dfrac{\pi}{180}$ 弧度,所以

$$-840°=-840\times\frac{\pi}{180}=-\frac{14\pi}{3} \text{ 弧度},$$

$$-70°=-70\times\frac{\pi}{180}=-\frac{7\pi}{18} \text{ 弧度}.$$

例2 如图,单位圆中弧 $\overset{\frown}{AB}$ 的长为 x, $f(x)$ 表示弧 $\overset{\frown}{AB}$ 与弦 AB 所围成的弓形面积的 2 倍,则函数 $y=f(x)$ 的图象是(　　).

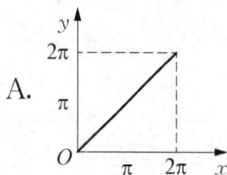

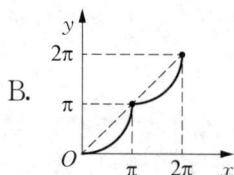

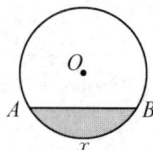

A.

B.

C.

D.

（例2）

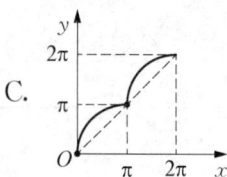

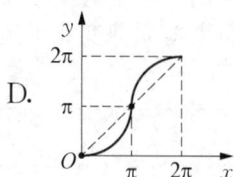

解 单位圆中,$\angle AOB=x$,扇形的面积为 $\dfrac{1}{2}x$, $\triangle AOB$ 的面积为 $\dfrac{1}{2}\sin x$.

所以 $f(x)=x-\sin x$. 当 $x\in(0,\pi)$ 时,$f(x)<x$;当 $x\in(\pi,2\pi)$ 时, $f(x)>x$;当 $x=0$ 或 $x=\pi$ 或 $x=2\pi$ 时,$f(x)=x$. 因此选 D.

说明:对同一个量可以有不同的度量方式,这是非常重要的科学意识.在数学、物理、化学等学科和实际应用中都要帮助学生形成这样的意识,角度的两种不同度量方式恰恰是一个很好的载体,从弧度制发展的历史来看,它的产生与三角函数的发展有着密切的联系.利用半径为单位来度量弧长,进而度量弧长所对的圆心角是经过了许多数学家的摸索和尝试才最终达成的共识.了解弧度制产生和发展的历史,还可以通过数学文化的介绍,帮助学生进一步理解学习弧度制的意义和必要性.

✳ **新课标和旧课标都要求但要求不同**

■ 1. 相对于旧课标借助三角函数线推导诱导公式,新课标要求借助单位圆的对称性,利用定义推导出诱导公式,更能体现如何利用图形的直观理解数学抽象.对诱导公式中符号表达 $\dfrac{\pi}{2}\pm\alpha$ 和 $\pi\pm\alpha$,分别改为 $\boldsymbol{\alpha}\pm\dfrac{\boldsymbol{\pi}}{2}$ 和 $\boldsymbol{\alpha}\pm\boldsymbol{\pi}$,体现了角度的旋转,更能体现诱导公式的本质.

例 3 利用单位圆的对称性和三角函数的定义,证明:$\sin(-\alpha)=-\sin\alpha$,$\cos(-\alpha)=\cos\alpha$,$\tan(-\alpha)=-\tan\alpha$.

证明 如图,设 $P_1(x_1,y_1)$ 是角 α 终边与单位圆的交点,$P_2(x_2,y_2)$ 是角 $-\alpha$ 终边与单位圆的交点,P_1 与 P_2 关于 x 轴对称,所以 $x_1=x_2$,$y_1=-y_2$.

根据三角函数定义,得

$$\sin\alpha=y_1,\ \cos\alpha=x_1,\ \tan\alpha=\frac{y_1}{x_1};$$

$$\sin(-\alpha)=y_2,\ \cos(-\alpha)=x_2,\ \tan(-\alpha)=\frac{y_2}{x_2},$$

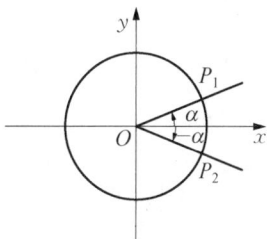

(例 3 解答)

从而得 $\sin(-\alpha)=-\sin\alpha$,$\cos(-\alpha)=\cos\alpha$,$\tan(-\alpha)=-\tan\alpha$.

例 4 化简:$\dfrac{\cos\left(\alpha-\dfrac{\pi}{2}\right)}{\sin\left(\dfrac{5\pi}{2}+\alpha\right)}\sin(\alpha-2\pi)\cos(2\pi-\alpha)$.

解 原式 $=\dfrac{\cos\left(\dfrac{\pi}{2}-\alpha\right)}{\sin\left(\dfrac{\pi}{2}+\alpha\right)}[-\sin(2\pi-\alpha)]\cos(2\pi-\alpha)$

$=\dfrac{\sin\alpha}{\cos\alpha}\cdot\sin\alpha\cdot\cos\alpha=\sin^2\alpha$.

例 5 在单位圆中,已知角 α 的终边与单位圆的交点为 $P\left(-\dfrac{3}{5},\dfrac{4}{5}\right)$,分别求角 $\pi+\alpha$、$-\alpha$、$\dfrac{\pi}{2}+\alpha$ 的正弦、余弦函数值.

解 由题意知,$\sin\alpha=\dfrac{4}{5}$,$\cos\alpha=-\dfrac{3}{5}$,所以

$$\sin(\pi+\alpha)=-\frac{4}{5}, \quad \cos(\pi+\alpha)=\frac{3}{5};$$

$$\sin(-\alpha)=-\frac{4}{5}, \quad \cos(-\alpha)=-\frac{3}{5};$$

$$\sin\left(\frac{\pi}{2}+\alpha\right)=-\frac{3}{5}, \quad \cos\left(\frac{\pi}{2}+\alpha\right)=-\frac{4}{5}.$$

说明：高中数学课程应努力揭示数学概念、法则、结论的发展过程和本质.把数学的学术形态转化为学生易于接受的教育形态,借助单位圆的对称性探究诱导公式,实质是将图形的对称关系转化成三角函数之间的代数关系,将诱导公式中的符号表达 $\frac{\pi}{2}\pm$

α 和 $\pi\pm\alpha$ 分别改为 $\alpha\pm\frac{\pi}{2}$ 和 $\alpha\pm\pi$,体现了角度的旋转,更能体现诱导公式的本质.而圆只是一种工具,一个载体,$\sin(\alpha+2k\pi)=\sin\alpha$、$\cos(\alpha+2k\pi)=\cos\alpha$ 是圆上点的周期运动, $\sin(\alpha+\pi)=-\sin\alpha$、$\cos(\alpha+\pi)=-\cos\alpha$ 是圆关于原点对称的体现,$\sin(\pi-\alpha)=\sin\alpha$、$\cos(\pi-\alpha)=-\cos\alpha$ 是圆关于 y 轴对称的体现, $\sin(-\alpha)=-\sin\alpha$、$\cos(-\alpha)=\cos\alpha$ 是圆关于 x 轴对称的体现, $\sin\left(\frac{\pi}{2}-\alpha\right)=\cos\alpha$、$\cos\left(\frac{\pi}{2}-\alpha\right)=\sin\alpha$ 是圆关于直线 $y=x$ 对称的体现, $\sin\left(\frac{\pi}{2}+\alpha\right)=\cos\alpha$、$\cos\left(\frac{\pi}{2}+\alpha\right)=-\sin\alpha$ 是圆旋转对称性的体现,所以调整以后,利用单位圆和三角函数的定义寻找位置关系和数量关系的转化更符合学生认知,更有助于发展学生的直观想象素养和数学抽象素养.

■ 2. 新课标对函数的性质提出了明确的要求：单调性、最大和最小值、图象与 x 轴交点等. 改变了参数 ω、φ、A 的顺序,更能体现三角函数是刻画周期变化的函数模型.

例6　画出函数 $y=2\sin\left(3x-\frac{\pi}{6}\right)$ 的图象.

解　先画出函数 $y=\sin x$ 的图象;再把正弦曲线向右平移 $\frac{\pi}{6}$ 个单位长度,得到函数 $y=\sin\left(x-\frac{\pi}{6}\right)$ 的图象;然后使曲线上各点的横坐标变为原来的 $\frac{1}{3}$,得到函数 $y=\sin\left(3x-\frac{\pi}{6}\right)$ 的图象;最后把曲线上各点的纵坐标变为原来的 2 倍,这时曲线就是函数 $y=2\sin\left(3x-\frac{\pi}{6}\right)$ 的图象,如图所示.

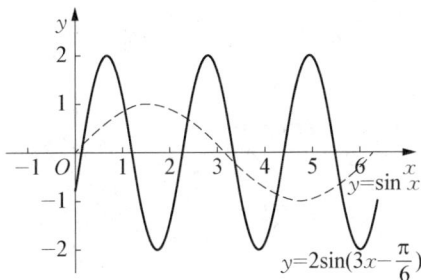

（例 6 解答）

例 7 已知函数 $f(x)=\dfrac{1}{2}\sin\left(2x-\dfrac{\pi}{3}\right)$，$x\in\mathbf{R}$.

(1) 求 $f(x)$ 的最小正周期；

(2) 求 $f(x)$ 的最大值和取得最大值时自变量 x 的集合；

(3) 求 $f(x)$ 的单调递减区间.

解 (1) $f(x)$ 的最小正周期为 $T=\dfrac{2\pi}{2}=\pi$.

(2) $f(x)$ 的最大值为 $\dfrac{1}{2}$，此时 $2x-\dfrac{\pi}{3}=\dfrac{\pi}{2}+2k\pi$，$k\in\mathbf{Z}$，即 $x=\dfrac{5\pi}{12}+k\pi$，

$k\in\mathbf{Z}$，所以 $f(x)$ 的最大值为 $\dfrac{1}{2}$，此时自变量 x 的集合为 $\left\{x\left|x=\dfrac{5\pi}{12}+k\pi,\right.\right.$

$\left.k\in\mathbf{Z}\right\}$.

(3) 令 $\dfrac{\pi}{2}+2k\pi\leqslant 2x-\dfrac{\pi}{3}\leqslant\dfrac{3\pi}{2}+2k\pi$，$k\in\mathbf{Z}$，得 $\dfrac{5\pi}{12}+k\pi\leqslant x\leqslant\dfrac{11\pi}{12}+$

$k\pi$，$k\in\mathbf{Z}$，所以 $f(x)$ 的单调递减区间为 $\left[\dfrac{5\pi}{12}+k\pi,\ \dfrac{11\pi}{12}+k\pi\right]$，$k\in\mathbf{Z}$.

例 8 求函数 $f(x)=3\sin\left(2x+\dfrac{\pi}{4}\right)$，$x\in[0,\ \pi]$ 的单调递减区间.

解 令 $z=2x+\dfrac{\pi}{4}$，$x\in[0,\ \pi]$，则 $z\in\left[\dfrac{\pi}{4},\ \dfrac{9\pi}{4}\right]$.

因为 $y=3\sin z$，$z\in\left[\dfrac{\pi}{4},\ \dfrac{9\pi}{4}\right]$ 的单调递减区间是 $\left[\dfrac{\pi}{2},\ \dfrac{3\pi}{2}\right]$，由 $\dfrac{\pi}{2}\leqslant 2x+$

$\dfrac{\pi}{4}\leqslant\dfrac{3\pi}{2}$，得 $\dfrac{\pi}{8}\leqslant x\leqslant\dfrac{5\pi}{8}$，所以，函数 $f(x)=3\sin\left(2x+\dfrac{\pi}{4}\right)$，$x\in[0,\ \pi]$ 的单

调递减区间是 $\left[\dfrac{\pi}{8},\ \dfrac{5\pi}{8}\right]$.

例 9 求函数 $f(x)=\dfrac{1}{2}\sin\left(2x-\dfrac{\pi}{3}\right)$，$x\in\left[-\dfrac{\pi}{4},\ \dfrac{\pi}{4}\right]$ 的值域.

解　设 $z = 2x - \dfrac{\pi}{3}$, $x \in \left[-\dfrac{\pi}{4}, \dfrac{\pi}{4}\right]$，则 $z \in \left[-\dfrac{5\pi}{6}, \dfrac{\pi}{6}\right]$.

即 $\sin z \in \left[-1, \dfrac{1}{2}\right]$，$\dfrac{1}{2}\sin z \in \left[-\dfrac{1}{2}, \dfrac{1}{4}\right]$.

所以，函数 $f(x) = \dfrac{1}{2}\sin\left(2x - \dfrac{\pi}{3}\right)$，$x \in \left[-\dfrac{\pi}{4}, \dfrac{\pi}{4}\right]$ 的值域为 $\left[-\dfrac{1}{2}, \dfrac{1}{4}\right]$.

例 10　求函数 $f(x) = -\tan\left(2x - \dfrac{3\pi}{4}\right)$ 的单调区间.

解　由 $-\dfrac{\pi}{2} + k\pi < 2x - \dfrac{3\pi}{4} < \dfrac{\pi}{2} + k\pi$，$k \in \mathbf{Z}$，解得 $-\dfrac{\pi}{8} + \dfrac{k\pi}{2} < x < \dfrac{5\pi}{8} + \dfrac{k\pi}{2}$，$k \in \mathbf{Z}$，所以函数 $f(x)$ 的单调减区间为 $\left(-\dfrac{\pi}{8} + \dfrac{k\pi}{2} < x < \dfrac{5\pi}{8} + \dfrac{k\pi}{2}\right)$，$k \in \mathbf{Z}$.

说明：通过改变 ω、φ、A，感受三角函数图象和性质的变化，通过改变自变量的取值范围，体会单调区间、最值等的变化，让学生理解知识的本质，培养和发展学生直观想象和数学抽象素养.

3. 新课标把平面向量安排到必修课程主题三"几何与代数"部分，所以利用平面向量的数量积推导两角差的余弦公式，可在后续学习平面向量时酌情给出，两角差的余弦公式的推导是重点也是难点，推导的方法不止一种，应从公式的结构特征和已有的知识基础入手，寻求适当的方法推导.

例 11　利用三角函数线证明. 我们先来讨论最简单的情况：α、β 为锐角，且 $\alpha > \beta$.

证明　在单位圆 O 中，作 $\angle P_1 Ox = \alpha$，交单位圆于点 P_1，作 $\angle P_1 OP = \beta$，则 $\angle xOP = \alpha - \beta$. 过点 P 作 $PM \perp x$ 轴于点 M，$PA \perp OP_1$ 于点 A，过点 A 作 $AB \perp OM$ 于点 B，过点 P 作 $PC \perp AB$ 于点 C，则 $OA = \cos\beta$，$AP = \sin\beta$，且

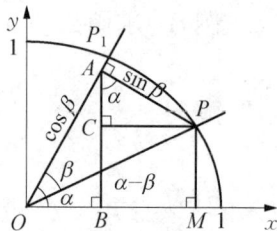

（例 11 解答）

$$\angle PAC = \angle P_1 Ox = \alpha,$$
$$OM = OB + BM = OB + CP$$
$$= OA\cos\alpha + AP\sin\alpha$$
$$= \cos\beta\cos\alpha + \sin\beta\sin\alpha.$$

所以 $\cos(\alpha-\beta)=\cos\alpha\cos\beta+\sin\alpha\sin\beta$（$\alpha$、$\beta$ 为锐角，且 $\alpha>\beta$）.

  说明：在整个证明过程中,通过几何手段,得到了一个代数公式,这运用了在数学探究过程中一种重要的思想方法——数形结合.利用三角函数线推导公式,虽然比较繁琐,但能让学生很好地感受利用所学知识解决新问题的思想,让学生感受数学的味道.

第四节　函数应用

一、教学要求对比

内容	新课标	旧课标	区别
（1）二分法与求方程近似解	① 结合学过的函数图象,了解函数零点与方程解的关系. ② 结合具体连续函数及其图象的特点,了解函数零点存在定理,探索用二分法求方程近似解的思路并会画程序框图,能借助计算工具用二分法求方程近似解,了解用二分法求方程近似解具有一般性.	① 结合二次函数的图象,判断一元二次方程根的存在性及根的个数,从而了解函数的零点与方程根的联系. ② 根据具体函数的图象,能够借助计算器用二分法求相应方程的近似解,了解这种方法是求方程近似解的常用方法.	新课标在了解函数的零点与方程根的联系上对函数要求不再具体到二次函数,而是要求到学过的函数. 新课标提出了连续函数的概念,要求了解二分法是求方程近似解的一般方法,并会画程序框图.
（2）函数与数学模型	① 理解函数模型是描述客观世界中变量关系和规律的重要数学语言和工具.在实际情境中,会选择合适的函数类型刻画现实问题的变化规律. ② 结合现实情境中的具体问题,利用计算工具,比较对数函数、一元一次函数、指数函数增长速度的差异,理解"对数增长""直线上升""指数爆炸"等术语的现实含义.	① 利用计算工具,比较指数函数、对数函数以及幂函数增长差异;结合实例体会直线上升、指数爆炸、对数增长等不同函数类型增长的含义. ② 收集一些社会生活中普遍使用的函数模型(指数函数、对数函数、幂函数、分段函数等)的实例,了解函数模型的广泛应用.	对直线上升、指数爆炸、对数增长等不同函数类型增长模型的要求提高了,由体会改为理解,要求利用计算工具,注重信息技术与数学课程的深度融合.要求理解函数模型是描述客观世界中变量关系和规律的重要数学语言和工具.在实际情境中,会选择合适的函数模型刻画现实问题的变化规律,重视数学实践和培养数学建模素养.

内容	新课标	旧课标	区别
（2）函数与数学模型	③ 收集、阅读一些现实生活、生产实际或者经济领域中的数学模型,体会人们是如何借助函数刻画实际问题的,感悟数学模型中参数的现实意义.	③ 实习作业. 根据某个主题,收集 17 世纪前后发生的一些对数学发展起重大作用的历史事件和人物(开普勒、伽利略、笛卡儿、牛顿、莱布尼茨、欧拉等)的有关资料或现实生活中的函数实例,采取小组合作的方式写一篇有关函数概念的形成、发展或应用的文章,在班级中进行交流. 具体要求参见数学文化的要求.	

二、对应题型示例

★ 新课标要求但旧课标不要求

■ 1. 新课标增加了结合具体连续函数及其图象的特点,了解函数零点存在定理的内容.

　　例 1　图①②③分别为函数 $y = f(x)$ 在三个不同范围内的图象. 能否仅根据其中一个图象,得出函数 $y = f(x)$ 在某个区间只有一个零点的判断? 为什么?

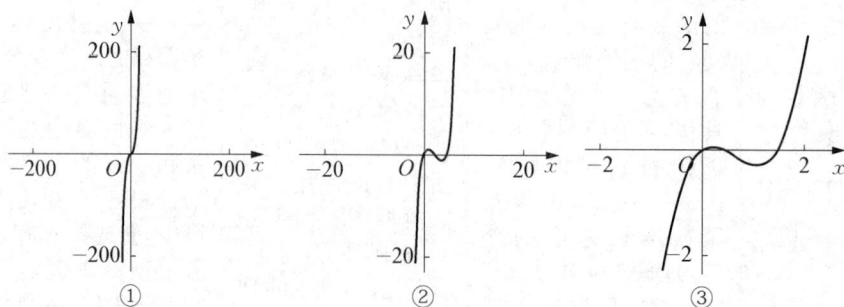

(例 1)

解 不能.零点存在定理是连续函数在某区间上存在零点的充分不必要条件,但零点的个数需要结合函数的单调性等性质进行判断.

■ 2. 新课标提出结合现实情境中的具体问题,利用计算工具,比较对数函数、一元一次函数、指数函数增长速度的差异,理解"对数增长""直线上升""指数爆炸"等术语的现实含义.其中增加了指数函数、对数函数与一元一次函数的比较要求.

例 2 请以指数函数 $y=2^x$ 与一次函数 $y=2x$ 为例,探索它们在区间 $[0,+\infty)$ 上的增长差异,并描述一下指数函数增长的特点.

解 利用信息技术,列出上述两个函数的自变量与函数值的对应值表,并在同一直角坐标系中画出它们的图象.

x	0	0.5	1	1.5	2	2.5	3	⋯
$y=2^x$	1	1.414	2	2.828	4	5.657	8	⋯
$y=2x$	0	1	2	3	4	5	6	⋯

如图所示,可以看到,函数 $y=2^x$ 和 $y=2x$ 的图象有两个交点 $(1,2)$、$(2,4)$.在区间 $[0,1)$ 上,函数 $y=2^x$ 的图象位于 $y=2x$ 的图象之上,$2^x>2x$;在区间 $(1,2)$ 上,函数 $y=2^x$ 的图象位于 $y=2x$ 的图象之下,$2^x<2x$;在区间 $(2,3)$ 上,函数 $y=2^x$ 的图象位于 $y=2x$ 的图象之上,$2^x>2x$.这表明,虽然这两个函数在 $[0,+\infty)$ 上都单调递增,但它们的增长速度不同,函数 $y=2x$ 的增长速度保持不变,而函数 $y=2^x$ 的增长速度在变化.当自变量 x 越来越大时,$y=2^x$ 的图象就好似与 x 轴垂直一样,2^x 的值快速增长;而函数 $y=2x$ 的增长速度依然保持不变,与函数 $y=2^x$ 的增长速度相比几乎微不足道.

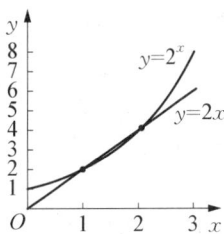
(例2解答)

✨ *新课标和旧课标都要求但要求不同*

■ 1. 新课标要求理解函数模型是描述客观世界中变量关系和规律的重要数学语言和工具.在实际情境中,会选择合适的函数类型刻画现实问题的变化规律,重视数学实践和培养数学建模素养;而旧课标只要求了解函数模型的广泛应用.

例3　2010 年,考古学家对在良渚古城水利系统中一条水坝的建筑材料上提取的草茎遗存进行碳-14 年代学检测,检测出碳-14 的残留量约为初始量的 55.2%,能否以此推断此水坝大概是什么年代建成的?

解　设样本中碳-14 的初始量为 k,衰减率为 $p(0 < p < 1)$,经过 x 年后,残余量为 y. 根据问题的实际意义,可选择如下模型:

$$y = k(1-p)^x (k \in \mathbf{R}, \text{且} k \neq 0; \ 0 < p < 1, \ x \geqslant 0).$$

由碳-14 的半衰期为 5730 年,得 $k(1-p)^{5730} = \dfrac{1}{2}k$.

于是 $1-p = \sqrt[5730]{\dfrac{1}{2}}$,所以 $y = k\left(\sqrt[5730]{\dfrac{1}{2}}\right)^x$.

由样本中碳-14 的残余量约为初始量的 55.2% 可知,$k\left(\sqrt[5730]{\dfrac{1}{2}}\right)^x = 55.2\% k$,解得 $x = \log_{\sqrt[5730]{\frac{1}{2}}} 0.552$. 借助计算工具,得 $x \approx 4912$.

因为 2010 年之前的 4912 年是公元前 2902 年,所以推断此水坝大概是公元前 2902 年建成的.

注:因为死亡生物机体内碳-14 的初始量按确定的衰减率衰减,属于指数衰减,所以应选择函数 $y = ka^x (k \in \mathbf{R}, \text{且} k \neq 0; \ a > 0, \text{且} a \neq 1)$ 建立数学模型.

■　2. 新课标要求收集、阅读一些现实生活、生产实际或者经济领域中的数学模型,体会人们是如何借助函数刻画实际问题的,感悟数学模型中参数的现实意义,重视数学实践和培养数学建模素养;而旧课标只要求收集一些社会生活中普遍使用的函数模型(指数函数、对数函数、幂函数、分段函数等)的实例,了解函数模型的广泛应用.

例4　人口问题是当今世界各国普遍关注的问题. 认识人口数量的变化规律,可以为制定一系列相关政策提供依据. 早在 1798 年,英国经济学家马尔萨斯就提出了自然状态下的人口增长模型 $y = y_0 e^{rt}$,其中 t 表示经过的时间,y_0 表示 $t = 0$ 时的人口数,r 表示人口的年平均增长率. 下表是 1950 ~ 1959 年我国的人口数据资料:

年份	1950	1951	1952	1953	1954	1955	1956	1957	1958	1959
人口数/万	55 196	56 300	57 482	58 796	60 266	61 456	62 828	64 563	65 994	67 207

(1) 如果以各年人口增长率的平均值作为我国这一时期的人口增长率(精

确到 0.0001)，用马尔萨斯人口增长模型建立我国在这一时期的具体人口增长模型，并检验所得模型与实际人口数据是否相符；

（2）若按上表中的增长趋势，则大约在哪一年我国的人口数达到 13 亿？

解　（1）设 1951～1959 年我国各年的人口增长率分别为 r_1，r_2，…，r_9. 由 $55\,196(1+r_1)=56\,300$，可得 1951 年的人口增长率 $r_1\approx 0.0200$.

同理可得，$r_2\approx 0.0210$，$r_3\approx 0.0229$，$r_4\approx 0.0250$，$r_5\approx 0.0197$，$r_6\approx 0.0223$，$r_7\approx 0.0276$，$r_8\approx 0.0222$，$r_9\approx 0.0184$.

于是，1951～1959 年期间，我国人口的年平均增长率为

$$r=(r_1+r_2+\cdots+r_9)\div 9\approx 0.0221.$$

令 $y_0=55\,196$，则我国在 1950 ～ 1959 年期间的人口增长模型为 $y=55\,196\mathrm{e}^{0.0221t}$，$t\in\mathbf{N}$.

根据上表中的数据画出散点图，并画出函数 $y=55\,196\mathrm{e}^{0.0221t}$（$t\in\mathbf{N}$）的图象.

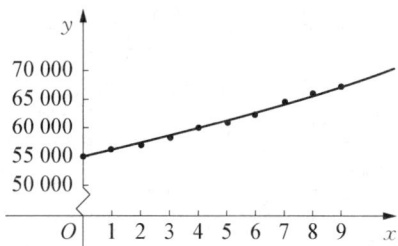

（例 4 解答）

由图可以看出，所得模型与 1950～1959 年的实际人口数据基本吻合.

（2）将 $y=130\,000$ 代入 $y=55\,196\mathrm{e}^{0.0221t}$，借助计算工具，得 $t\approx 38.76$.

所以，若按上表中的增长趋势，则大约在 1950 年后的第 39 年，即 1989 年，我国的人口数就已达到 13 亿.

说明：函数的应用主要体现在两个方面，一方面是用函数的思想方法思考、解决其他数学问题，如用函数的思想方法研究和求解代数方程的根，用函数的思想方法研究和求解不等式，用函数的思想方法讨论极值与最值问题，用函数的思想方法研究图形等；另一方面是用函数的思想方法描述、分析、解决实际问题，函数是描述现实世界变化规律的数学模型，也是分析和解决实际问题的重要工具，是提升数学建模素养的基本载体. 数学建模搭建了数学与外部世界的桥梁，既是数学应用的重要形式，又是应用数学解决实际问题的基本手段，还是推动数学发展的动力.

主题三 几何与代数

第一节 平面向量及其应用

一、教学要求对比

内容	新课标	旧课标	区别
（1）向量概念	① 通过对力、速度、位移等的分析，了解平面向量的实际背景，理解平面向量的意义和两个向量相等的含义。 ② 理解平面向量的几何表示和基本要素。	通过力和力的分析等实例，了解向量的实际背景，理解平面向量和向量相等的含义，理解向量的几何表示。	新课标在引入向量时，增加了速度和位移的背景。
（2）向量运算	① 借助实例和平面向量的几何表示，掌握平面向量加、减运算及运算规则，理解其几何意义。	① 通过实例，掌握向量加、减法的运算，并理解其几何意义。	新课标突出了借助"平面向量的几何表示"。
	② 通过实例分析，掌握平面向量数乘运算及运算规则，理解其几何意义。理解两个平面向量共线的含义。	② 通过实例，掌握向量数乘的运算，并理解其几何意义，以及两个向量共线的含义。	无区别。
	③ 了解平面向量的线性运算性质及其几何意义。	③ 了解向量的线性运算性质及其几何意义。	无区别。
	④ 通过物理中功等实例，理解平面向量数量积的概念及其物理意义，会计算平面向量的数量积。	④ 通过物理中"功"等实例，理解平面向量数量积的含义及其物理意义。	新课标突出了"会计算平面向量的数量积"。
	⑤ 通过几何直观，了解平面向量投影的概念以及投影向量的意义。	⑤ 体会平面向量的数量积与向量投影的关系。	新课标突出了"通过几何直观"。其要求由体会变为了解。

内容	新课标	旧课标	区别
（2）向量运算	⑥ 会用数量积判断两个平面向量的垂直关系.	⑥ 掌握数量积的坐标表达式,会进行平面向量数量积的运算.	无区别.
（3）向量基本定理及坐标表示	① 理解平面向量基本定理及其意义.	① 了解平面向量的基本定理及其意义.	要求由了解变为理解,新课标提高了对平面向量基本定理的要求.
	② 借助平面直角坐标系,掌握平面向量的正交分解及坐标表示.	② 掌握平面向量的正交分解及其坐标表示.	新课标增加了"借助平面直角坐标系".
	③ 会用坐标表示平面向量的加、减运算与数乘运算.	③ 会用坐标表示平面向量的加、减与数乘运算.	无区别.
	④ 能用坐标表示平面向量的数量积,会表示两个平面向量的夹角. ⑤ 能用坐标表示平面向量共线、垂直的条件.	④ 能运用数量积表示两个向量的夹角,会用数量积判断两个平面向量的垂直关系. ⑤ 理解用坐标表示的平面向量共线的条件.	要求由理解变为能.
（4）向量应用与解三角形	① 会用向量方法解决简单的平面几何问题、力学问题以及其他实际问题,体会向量在解决数学和实际问题中的作用.	① 经历用向量方法解决某些简单的平面几何问题、力学问题与其他一些实际问题的过程,体会向量是一种处理几何问题、物理问题等的工具,发展运算能力和解决实际问题的能力.	新课标与旧课标相比,其表达更加精炼.
	② 借助向量的运算,探索三角形边长与角度的关系,掌握余弦定理、正弦定理.	② 通过对任意三角形边长和角度关系的探索,掌握正弦定理、余弦定理,并能解决一些简单的三角形度量问题.	新课标突出了"借助向量的运算".
	③ 能用余弦定理、正弦定理解决简单的实际问题.	③ 能够运用正弦定理、余弦定理等知识和方法解决一些与测量和几何计算有关的实际问题.	对于解决实际问题,旧课标限定于"与测量和几何计算有关的实际问题",新课标则未作限定.

二、对应题型示例

⭐ 新课标要求但旧课标不要求

■ 1. 新课标在引入向量时,增加了速度和位移的背景;而旧课标只是介绍了力学的背景.

例1 选择适当的比例尺,用有向线段表示下列向量:
(1) 终点 A 在起点 O 的正东方向 3 m 处;
(2) 终点 B 在起点 O 的东北方向 2 m 处;
(3) 做自由落体运动的物体在 1 s 末的速度.

解 如图所示.

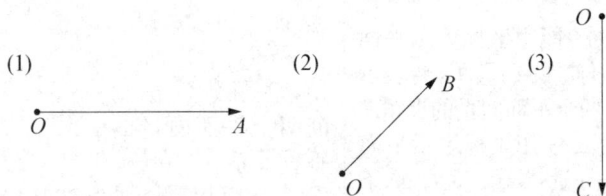

(例 1 解答)

说明:向量概念应从物理背景和几何背景入手,物理背景是力、位移、速度和加速度等概念,几何背景是有向线段.了解这些物理背景,对于理解向量概念和运用向量解决实际问题都是十分重要的.

例2 一位模型赛车手遥控一辆赛车沿正东方向向前行进 1 米,然后逆时针方向转变 α 度,继续沿直线向前行进 1 米,再逆时针方向转变 α 度,沿直线向前行进 1 米,按此方法继续操作下去.

(1) 按 1∶100 比例作图说明当 $\alpha = 45°$ 时,操作几次后赛车的位移为零向量;

(2) 按此法操作使赛车能回到出发点,α 应满足什么条件?

解 (1) 如图所示,操作 8 次后,赛车的位移为零向量.

(2) 要使赛车能回到出发点,只需赛车的位移为零向量,按(1)中的方式作图,则所作图形是内角为 $180° - \alpha$ 的正多边形,故有 $n(180° - \alpha) = 180°(n-2)$.

所以 $\alpha = \dfrac{360°}{n}$,n 为不小于 3 的整数.

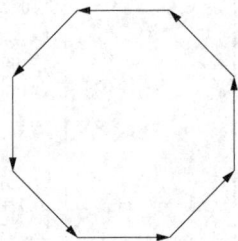

(例 2 解答)

说明：向量是既有大小又有方向的量. 通过图形将向量直观表示出来，将抽象的概念具体化.

■ 2. 新课标讲平面向量投影的概念以及投影向量的意义时，突出了"通过几何直观".

例 3 （新课标中的案例 9 向量投影）向量的投影是高维空间到低维子空间的一种线性变换，得到的是低维空间向量，这里是指正交投影. 在高中数学中，如图①，在空间中，向量 $\vec{a}$ 向平面 π 投影得到的是与平面 π 平行的向量 $\vec{r}$；如图②，在空间中，向量 $\vec{a}$ 向直线 l 投影得到的是与直线 l 平行的向量 $\vec{r}$；如图③，在空间中，向量 $\vec{a}$ 向向量 $\vec{b}$ 的投影，是指向量 $\vec{a}$ 向与向量 $\vec{b}$ 共线的向量构成的子空间的投影，得到的是与向量 $\vec{b}$ 共线的向量 $\vec{r}$. 向量 $\vec{r}$ 称为投影向量.

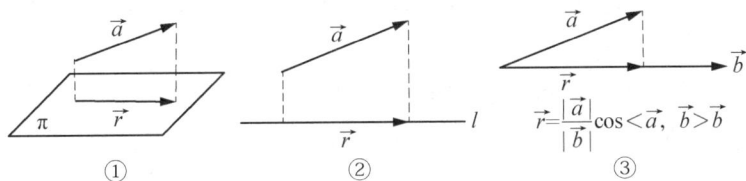

（例 3）

如图①，不难看出，向量 $\vec{a}-\vec{r}$ 与向量 $\vec{r}$ 垂直. 这就意味着，当向量 $\vec{r}$ 与向量 $\vec{a}$ 起点相同时，终点间的距离最小. 此时，三个向量 $\vec{a}$、$\vec{a}-\vec{r}$ 和 $\vec{r}$ 构成一个直角三角形，借助勾股定理，可以通过几何直观更好地理解向量投影的本质.

说明：新课标中对于向量投影的理解，并不仅仅局限于平面向量的投影. 它把投影分为空间向量向平面投影、向直线投影，一个向量向另一个向量投影，对于投影的理解更为深刻.

■ 3. 新课标中突出了用向量方法解决简单的平面几何问题等实际问题.

例 4 （新课标中的案例 16 用向量法研究距离问题）距离问题是培养学生直观想象、逻辑推理和数学运算素养的很好的载体. 在基础教育阶段涉及的距离问题主要有：两点间距离，点到直线距离，平行线之间距离，点到平面距离，直线到平面距离，平行平面之间距离，异面直线之间的距离（选修）.

计算距离可以用综合几何方法，也可以用解析几何方法，还可以用向量方法.
教学片段 1 梳理求平面上点到直线距离的几种方法.
综合几何方法. 给定过点 A、C 的直线 l，B 为直线 l 外一点，求点 B 到直

线 l 的距离. 因为过点 A、B、C 可以得到一个平面上的三角形,因此求距离就等价于求三角形的高. 基本思路是:用余弦定理确定 $\angle A$,再用正弦函数值求出 AC 边上的高.

解析几何方法. 建立平面直角坐标系,确定点 B 的坐标和过点 A、C 的直线 l 的方程,然后求点 B 到直线 l 的距离. 基本思路是:求与直线 l 垂直的直线的斜率,再求过点 B 的点斜式直线方程,最后求这两条相互垂直直线的交点. 交点与点 B 的距离就是点 B 到直线 l 的距离.

向量方法. 建立平面直角坐标系,确定点 B 的坐标和过点 A、C 的直线 l 的法向量,求点 B 到直线 l 的距离. 基本思路是:求向量 $\overrightarrow{AB}$ 到法向量的投影向量,投影向量的长度就是所要求的距离.

教学片段 2 **比较求点到平面距离和求两条异面直线距离的向量方法.**

点到平面距离. 用向量方法求点 B 到平面距离基本思路:确定平面法向量,在平面内取一点 A,求向量 $\overrightarrow{AB}$ 到法向量的投影向量,投影向量的长度即为所要求的距离.

异面直线距离. 用向量方法求异面直线距离基本思路:求出与两条直线的方向向量都垂直的法向量;在两条直线上分别取点 A 和 B,求向量 $\overrightarrow{AB}$ 到法向量的投影向量,投影向量的长度即为所要求的距离.

分析 对于上述两个片段,可以归纳出下面的结论.

片段 1 通过处理距离问题三种方法的对比,可以知道垂直反映了距离的本质,垂直意味着线段长度最短,借助勾股定理可以直观、准确地揭示这个本质,两点间距离公式以及向量投影都可以看作是勾股定理的应用. 可以让学生在比较的过程中分析不同方法的共性与差异,进而发现解决问题的关键.

片段 2 无论是对于平面还是直线,法向量都是反映垂直方向的最为直观的表达形式,法向量的方向和法向量上投影向量的长度既体现了几个图形直观,又提供了代数定量刻画. 在这个过程中,向量与起点无关的自由性为求距离带来很大的便利. 归纳用向量研究上述距离问题的方法,可以得到通性通法,即程序思想方法:

第一步,确定法向量;

第二步,选择参考向量;

第三步,确定参考向量到法向量的投影向量;

第四步,求投影向量的长度.

通过以上分析,可以体会借助几何直观的必要性:可以启发运算思路,甚至可以得到解决问题的程序. 程序思想方法具有解决一类数学问题的功能,是计算(特别是运用计算机进行计算)的基本思想方法.

★ 新课标和旧课标都要求但要求不同

■ 1. 对于平面向量基本定理,新课标相对于旧课标,其要求从了解改为理解,提高了要求.

例5 有下列说法:

① 一个平面内只有一对不共线的向量可作为表示该平面内所有向量的基底;

② 一个平面内有无数多对不共线的向量可作为表示该平面内所有向量的基底;

③ 零向量不可作为基底中的向量.

其中正确的说法是( ).

A. ①②　　　　　　　　　B. ①③

C. ②③　　　　　　　　　D. ①②③

解 基底只要求不能共线,有无数对,所以①错,②③对.因此选 C.

例6 设 $\vec{e}_1$、$\vec{e}_2$ 是同一平面内的一组基底,则以下各组向量中,不能作为基底的是( ).

A. $\vec{e}_1 + \vec{e}_2$ 和 $\vec{e}_1 - \vec{e}_2$

B. $3\vec{e}_1 - 2\vec{e}_2$ 和 $6\vec{e}_1 - 4\vec{e}_2$

C. $\vec{e}_1 + 2\vec{e}_2$ 和 $2\vec{e}_1 + \vec{e}_2$

D. $\vec{e}_1 + \vec{e}_2$ 和 $\vec{e}_2$

解 基底要求不能共线,而 $3\vec{e}_1 - 2\vec{e}_2$ 和 $6\vec{e}_1 - 4\vec{e}_2$ 共线.因此选 B.

说明:平面向量基本定理中要求基底只需要不共线即可,因此有无数组.而零向量与任意向量共线,因此基底中不能有零向量.

■ 2. 对于平面向量投影的概念以及投影向量的意义,新课标相对于旧课标,其要求从体会变为了解.

例7 已知 $\vec{a} \cdot \vec{b} = 12$,且 $|\vec{a}| = 3$,$|\vec{b}| = 5$,则 $\vec{b}$ 在 $\vec{a}$ 方向上的投影为 _____.

解 $\vec{b}$ 在 $\vec{a}$ 方向上的投影为:$|\vec{b}| \cos\langle \vec{a}, \vec{b} \rangle = \dfrac{\vec{a} \cdot \vec{b}}{|\vec{a}|} = \dfrac{12}{3} = 4$.

例8 已知 $\vec{a} = (2, 3)$,$\vec{b} = (-3, 5)$,则 $\vec{a}$ 在 $\vec{b}$ 方向上的投影为 _____.

解 $\vec{a}$ 在 $\vec{b}$ 方向上的投影为:$|\vec{a}| \cos\langle \vec{a}, \vec{b} \rangle = \dfrac{\vec{a} \cdot \vec{b}}{|\vec{b}|} = \dfrac{-6+15}{\sqrt{34}} = \dfrac{9\sqrt{34}}{34}$.

3. 对于用坐标表示平面向量共线的条件,新课标相对于旧课标,其要求从理解变为能.

例 9 已知 $\vec{a} = (-1,3)$,$\vec{b} = (x,-1)$,且 $\vec{a} /\!/ \vec{b}$,则 $x = ($).

A. 3　　　　　B. -3　　　　　C. $\dfrac{1}{3}$　　　　　D. $-\dfrac{1}{3}$

解 由向量共线的坐标表示,得 $3x = 1$,解得 $x = \dfrac{1}{3}$. 因此选 C.

4. 对于向量在解三角形中的应用,新课标放在平面向量中,而旧课标是作为单独的知识模块,二者的顺序和地位发生了变化.

例 10 在 $\triangle ABC$ 中,$\cos A = \dfrac{5}{13}$,$\sin B = \dfrac{3}{5}$,$a = 1$,求 $\cos C$ 及边长 c.

解 因为 $A \in (0,\pi)$ 且 $\cos A = \dfrac{5}{13} > 0$,所以 $\sin A = \dfrac{12}{13}$ 且 $A \in \left(0,\dfrac{\pi}{2}\right)$.

由此知 $\sin A > \sin B > 0$,根据正弦定理,得 $a > b$,所以 $A > B$.

因此 $B \in \left(0,\dfrac{\pi}{2}\right)$ 且 $\sin B = \dfrac{3}{5}$,得 $\cos B = \dfrac{4}{5}$.

因为 A、B、C 为 $\triangle ABC$ 的内角,所以 $\cos C = -\cos(A+B) = \dfrac{16}{65}$.

因此 $\sin C = \dfrac{63}{65}$,由正弦定理,得 $c = \dfrac{a\sin C}{\sin A} = \dfrac{1 \times \dfrac{63}{65}}{\dfrac{12}{13}} = \dfrac{21}{20}$.

第二节　复数

一、教学要求对比

内容	新课标	旧课标	区别
(1) 复数的概念	① 通过方程的解,认识复数. ② 理解复数的代数表示及其几何意义,理解两个复数相等的含义.	① 在问题情境中了解数系的扩充过程,体会实际需求与数学内部的矛盾(数的运算规则、方程	新课标把复数内容从选修变为必修,强调了该部分知识的必要性.

内容	新课标	旧课标	区别
（1）复数的概念		理论）在数系扩充过程中的作用,感受人类理性思维的作用以及数与现实世界的联系. ② 理解复数的基本概念以及复数相等的充要条件. ③ 了解复数的代数表示法及其几何意义.	对数系的扩充过程,新课标只是通过方程的解来引入复数,但其教学提示也指出可以适当融入数学文化,让学生体会数系扩充过程中理性思维的作用. 新课标中的要求由了解变为理解,提高了对复数的代数表示法及其几何意义的要求.
（2）复数的运算	掌握复数代数表示式的四则运算,了解复数加、减运算的几何意义.	能进行复数代数形式的四则运算,了解复数代数形式的加、减运算的几何意义.	新课标中对于复数代数表示式的四则运算的要求由能变为掌握,新课标提高了要求.
（3）*复数的三角表示	通过复数的几何意义,了解复数的三角表示,了解复数的代数表示与三角表示之间的关系,了解复数乘、除运算的三角表示及其几何意义.		新课标增加了复数的三角表示及其几何意义,提高了对复数内容的要求.

二、对应题型示例

★ 新课标要求但旧课标不要求

■ 1. 新课标增加了复数的代数表示与三角表示之间的关系,而旧课标没有这方面的要求.

（1）复数的辐角:设复数 $z = a + bi$ 对应向量 $\overrightarrow{OZ}$,以 x 轴的正半轴为始边,向量 $\overrightarrow{OZ}$ 所在的射线（起点为 O）为终边的角 θ ,叫做复数 z 的辐角,记作 Arg z ,其中满足 $0 \leqslant \theta < 2\pi$ 的辐角 θ 的值,叫做辐角主值,记作 arg z .

说明:不等于零的复数 z 的辐角有无限多个值,这些值中的任意两个相差 2π 的整数倍.

（2）复数的三角表示：$r(\cos\theta+\mathrm{i}\sin\theta)$ 叫做复数 $z=a+b\mathrm{i}$ 的三角表示，其中 $r=\sqrt{a^2+b^2}\geqslant 0$，$\cos\theta=\dfrac{a}{r}$，$\sin\theta=\dfrac{b}{r}$.

说明：任何一个复数 $z=a+b\mathrm{i}$ 均可表示成 $r(\cos\theta+\mathrm{i}\sin\theta)$ 的形式，其中 r 为 z 的模，θ 为 z 的一个辐角.

例1 假定 θ 为锐角，下列各式是否是三角形式，若不是，化为三角形式：

(1) $z_1=-2(\cos\theta+\mathrm{i}\sin\theta)$；　(2) $z_2=\cos\theta-\mathrm{i}\sin\theta$；　(3) $z_3=-\sin\theta+\mathrm{i}\cos\theta$；　(4) $z_4=-\sin\theta-\mathrm{i}\cos\theta$；　(5) $z_5=\cos 60°+\mathrm{i}\sin 30°$.

解 (1) 不是三角形式，$z_1=-2(\cos\theta+\mathrm{i}\sin\theta)=2[\cos(\theta+\pi)+\mathrm{i}\sin(\theta+\pi)]$.

(2) 不是三角形式，$z_2=\cos(-\theta)+\mathrm{i}\sin(-\theta)$ 或 $z_2=\cos(2\pi-\theta)+\mathrm{i}\sin(2\pi-\theta)$.

(3) 不是三角形式，$z_3=-\sin\theta+\mathrm{i}\cos\theta=\cos\left(\theta+\dfrac{\pi}{2}\right)+\mathrm{i}\sin\left(\theta+\dfrac{\pi}{2}\right)$.

(4) 不是三角形式，$z_4=-\sin\theta-\mathrm{i}\cos\theta=\cos\left(\dfrac{3\pi}{2}-\theta\right)+\mathrm{i}\sin\left(\dfrac{3\pi}{2}-\theta\right)$.

(5) 不是三角形式，$z_5=\cos 60°+\mathrm{i}\sin 30°=\dfrac{1}{2}+\dfrac{1}{2}\mathrm{i}=\dfrac{\sqrt{2}}{2}\left(\cos\dfrac{\pi}{4}+\mathrm{i}\sin\dfrac{\pi}{4}\right)$.

例2 求下列复数的模和辐角主值：

(1) $1+\mathrm{i}$；　　　　(2) $\sqrt{3}-\mathrm{i}$.

解 (1) $|1+\mathrm{i}|=\sqrt{1^2+1^2}=\sqrt{2}$，又 $\tan\theta=\dfrac{b}{a}=1$，点 $(1,1)$ 在第一象限，所以辐角主值 $\theta=\arg(1+\mathrm{i})=\dfrac{\pi}{4}$.

(2) $|\sqrt{3}-\mathrm{i}|=\sqrt{(\sqrt{3})^2+(-1)^2}=2$，又 $\tan\theta=-\dfrac{1}{\sqrt{3}}=-\dfrac{\sqrt{3}}{3}$，点 $(\sqrt{3},-1)$ 在第四象限，所以辐角主值 $\theta=\arg(\sqrt{3}-\mathrm{i})=\dfrac{11\pi}{6}$.

例3 把下列复数转化为代数表示式：

(1) $4\left(\cos\dfrac{5\pi}{6}+\mathrm{i}\sin\dfrac{5\pi}{6}\right)$；　(2) $\sqrt{2}[\cos(-45°)+\mathrm{i}\sin(-45°)]$.

解 (1) $4\left(\cos\dfrac{5\pi}{6}+\mathrm{i}\sin\dfrac{5\pi}{6}\right)=4\times\left(-\dfrac{\sqrt{3}}{2}+\dfrac{1}{2}\mathrm{i}\right)=-2\sqrt{3}+2\mathrm{i}$.

(2) $\sqrt{2}[\cos(-45°)+\mathrm{i}\sin(-45°)]=\sqrt{2}\times\left(\dfrac{\sqrt{2}}{2}-\dfrac{\sqrt{2}}{2}\mathrm{i}\right)=1-\mathrm{i}$.

例 4 把下列复数转化为三角形式：

(1) -1；　　　(2) $2i$；　　　(3) $\sqrt{3}-i$.

解 (1) $r=\sqrt{(-1)^2+0^2}=1$，辐角主值为 $\theta=\arg(-1)=\pi$，所以

$$-1=\cos\pi+i\sin\pi.$$

(2) $r=\sqrt{0^2+2^2}=2$，辐角主值为 $\theta=\arg(2i)=\dfrac{\pi}{2}$，所以

$$2i=2\left(\cos\frac{\pi}{2}+i\sin\frac{\pi}{2}\right).$$

(3) $r=\sqrt{(\sqrt{3})^2+(-1)^2}=2$，由 $\tan\theta=-\dfrac{\sqrt{3}}{3}$ 和点 $(\sqrt{3},-1)$ 在第四象限，

得 $\theta=\arg(\sqrt{3}-i)=\dfrac{11\pi}{6}$，所以 $\sqrt{3}-i=2\left(\cos\dfrac{11\pi}{6}+i\sin\dfrac{11\pi}{6}\right)$.

说明：由三角形式的结构特征，确定判断的依据和变形的方向. 变形时，可按照 3 个步骤进行，首先确定复数 z 的对应点所在象限（此处可假定 θ 为锐角），其次判断是否要变换三角函数名称，最后确定辐角.

■ 2. 新课标增加了复数乘除运算的三角表示及其几何意义，而旧课标没有这方面的要求.

复数运算的三角表示：

设 $z=r(\cos\theta+i\sin\theta)$，$z_1=r_1(\cos\theta_1+i\sin\theta_1)$，$z_2=r_2(\cos\theta_2+i\sin\theta_2)$. 则

(1) $z_1\cdot z_2=r_1r_2[\cos(\theta_1+\theta_2)+i\sin(\theta_1+\theta_2)]$；

(2) $\dfrac{z_1}{z_2}=\dfrac{r_1}{r_2}[\cos(\theta_1-\theta_2)+i\sin(\theta_1-\theta_2)](z_2\neq 0)$；

(3) $z^n=r^n(\cos n\theta+i\sin n\theta)$；

(4) $\sqrt[n]{z}=\sqrt[n]{r}\left[\cos\dfrac{\theta+2k\pi}{n}+i\sin\dfrac{\theta+2k\pi}{n}\right](k=0,1,2,\cdots,n-1)$.

根据三角形式的乘法法则，结合向量知识，可以对复数乘法的几何意义解释如下：

如图 1，在复平面内作出 z_1、z_2 所对应的向量 $\overrightarrow{OP_1}$、$\overrightarrow{OP_2}$，将向量 $\overrightarrow{OP_1}$ 按逆时针方向旋转一个角 θ_2（若 $\theta_2<0$，则按顺时针方向旋转一个角 $|\theta_2|$），再把它的模变为原来的 r_2 倍，所得向量 $\overrightarrow{OP}$ 就表示积 $z_1\cdot z_2$.

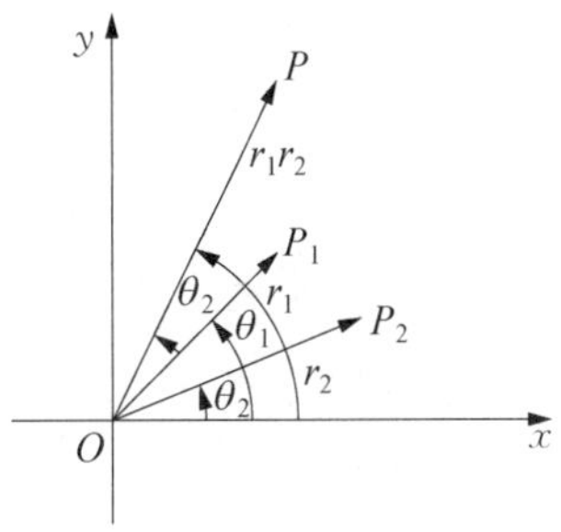

（图 1）

也就是说,复数乘法实质上就是向量的旋转和伸缩. 旋转方向与角度取决于从另一复数的辐角集中取出来的值,伸长或缩短及其倍数取决于另一复数的模的大小.

根据复数除法运算的三角表式,结合向量知识,可以对复数除法的几何意义解释如下:

如图 2,在复平面内作出 z_1、z_2 所对应的向量 $\overrightarrow{OP_1}$、$\overrightarrow{OP_2}$,将向量 $\overrightarrow{OP_1}$ 按顺时针方向旋转一个角 θ_2(若 $\theta_2 < 0$,则按逆时针方向旋转一个角 $|\theta_2|$),再把它的模变为原来的 $\frac{1}{r_2}$ 倍,所得向量 $\overrightarrow{OP}$ 就表示商 $\frac{z_1}{z_2}$.

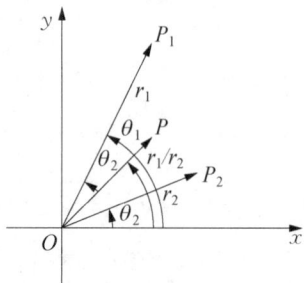

(图 2)

也就是说,复数除法实质上也是向量的旋转和伸缩. 旋转的方向和角度取决于 θ_2,伸长或缩短及其倍数取决于 $\frac{1}{r_2}$.

例 5 计算下列各式的值:

(1) $\sqrt{2}\left(\cos\dfrac{\pi}{12} + i\sin\dfrac{\pi}{12}\right) \cdot \sqrt{3}\left(\cos\dfrac{\pi}{6} + i\sin\dfrac{\pi}{6}\right)$;

(2) $4\left(\cos\dfrac{4\pi}{3} + i\sin\dfrac{4\pi}{3}\right) \div \left[2\left(\cos\dfrac{5\pi}{6} + i\sin\dfrac{5\pi}{6}\right)\right]$;

(3) $\dfrac{(1+\sqrt{3}\,i)(-\sqrt{3}+i)(1+i)}{(-1-i)^2(-1+i)}$.

解 (1) 原式 $= \sqrt{6}\left[\cos\left(\dfrac{\pi}{12}+\dfrac{\pi}{6}\right) + i\sin\left(\dfrac{\pi}{12}+\dfrac{\pi}{6}\right)\right] = \sqrt{3} + \sqrt{3}\,i$.

(2) 原式 $= 2\left[\cos\left(\dfrac{4\pi}{3}-\dfrac{5\pi}{6}\right) + i\sin\left(\dfrac{4\pi}{3}-\dfrac{5\pi}{6}\right)\right] = 2i$.

(3) 原式 $= \dfrac{(1+\sqrt{3}\,i)(-\sqrt{3}+i)}{(1+i)(-1+i)}$

$= \dfrac{2\left(\cos\dfrac{\pi}{3} + i\sin\dfrac{\pi}{3}\right)2\left(\cos\dfrac{5\pi}{6} + i\sin\dfrac{5\pi}{6}\right)}{-2} = \sqrt{3} + i$.

说明:合理利用复数的三角表式,往往可以简化复数运算.

✴ **新课标和旧课标都要求但要求不同**

■ 1. 对于复数的代数表示及其几何意义,新课标相对于旧课标,其要求从了解变为理解,提高了要求.

例 6 复数 $z = \mathrm{i}\cos\theta$,$\theta \in [0, 2\pi)$ 的几何意义是( ).

A. 虚轴

B. 虚轴除去原点

C. 以 $P(0, 1)$ 和 $Q(0, -1)$ 为端点的线段 PQ

D. 以 $P(1, 0)$ 和 $Q(-1, 0)$ 为端点的线段 PQ

解 由 z 的几何意义可知选 C.

例 7 经过原点及复数 $\sqrt{3} - \mathrm{i}$ 对应的直线的倾斜角为( ).

A. $\dfrac{\pi}{6}$ B. $\dfrac{5\pi}{6}$ C. $\dfrac{7\pi}{6}$ D. $\dfrac{2\pi}{3}$

解 由 z 的几何意义可知 z 对应的点的坐标为 $Z(\sqrt{3}, -1)$,$k = -\dfrac{\sqrt{3}}{3}$,倾斜角为 $\dfrac{5\pi}{6}$. 因此选 B.

例 8 设 $-1 < a < 1$,z 为复数且满足 $(1 + a\mathrm{i})z = a + \mathrm{i}$,则 z 在复平面内对应的点在( ).

A. x 轴下方   B. x 轴上方   C. y 轴左方   D. y 轴右方

解 $z = \dfrac{a + \mathrm{i}}{1 + a\mathrm{i}} = \dfrac{2a}{1 + a^2} + \dfrac{(1 - a^2)\mathrm{i}}{1 + a^2}$,由 $-1 < a < 1$ 知 $1 - a^2 > 0$,所以 z 对应的点在 x 轴上方. 因此选 B.

例 9 若非零复数 z_1、z_2 满足 $|z_1 + z_2| = |z_1 - z_2|$,则 $\overrightarrow{OZ_1}$ 与 $\overrightarrow{OZ_2}$ 所成的角为( ).

A. 30°   B. 45°   C. 60°   D. 90°

解 依题意知 $|\overrightarrow{OZ_1} + \overrightarrow{OZ_2}| = |\overrightarrow{OZ_1} - \overrightarrow{OZ_2}|$,两边平方,得 $\overrightarrow{OZ_1} \cdot \overrightarrow{OZ_2} = 0$,由 $\overrightarrow{OZ_1}$ 与 $\overrightarrow{OZ_2}$ 为非零向量,知 $\overrightarrow{OZ_1}$ 与 $\overrightarrow{OZ_2}$ 所成的角为 90°. 因此选 D.

■ 2. 对于复数代数表示的四则运算,新课标相对于旧课标,其要求从能变为掌握,提高了要求.

例 10 设 $z = \dfrac{1 - \mathrm{i}}{1 + \mathrm{i}} + 2\mathrm{i}$,则 $|z| = ($).

A. 0   B. $\dfrac{1}{2}$ C. 1   D. $\sqrt{2}$

解 $z=\dfrac{1-\mathrm{i}}{1+\mathrm{i}}+2\mathrm{i}=\dfrac{(1-\mathrm{i})^2}{(1+\mathrm{i})(1-\mathrm{i})}+2\mathrm{i}=\dfrac{1-2\mathrm{i}+\mathrm{i}^2}{1-\mathrm{i}^2}+2\mathrm{i}=-\mathrm{i}+2\mathrm{i}=\mathrm{i}$,所以 $|z|=1$. 因此选 C.

例 11 设 $(1+\mathrm{i})x=1+y\mathrm{i}$,其中 x、y 是实数,则 $|x+y\mathrm{i}|=($).

A. 1   B. $\sqrt{2}$ C. $\sqrt{3}$ D. 2

解 由 $(1+\mathrm{i})x=1+y\mathrm{i}$,可知 $x+x\mathrm{i}=1+y\mathrm{i}$,故 $\begin{cases} x=1, \\ x=y, \end{cases}$ 解得 $\begin{cases} x=1, \\ y=1, \end{cases}$ 所以,
$|x+y\mathrm{i}|=\sqrt{x^2+y^2}=\sqrt{2}$. 因此选 B.

第三节   立体几何初步

一、教学要求对比

内容	新课标	旧课标	区别
(1) 基本立体图形	① 利用实物、计算机软件等观察空间图形,认识柱、锥、台、球及简单组合体的结构特征,能运用这些特征描述现实生活中简单物体的结构. ② 知道球、棱柱、棱锥、棱台的表面积和体积的计算公式,能用公式解决简单的实际问题. ③ 能用斜二测法画出简单空间图形(长方体、球、圆柱、圆锥、棱柱及其简单组合)的直观图.	① 利用实物模型、计算机软件观察大量空间图形,认识柱、锥、台、球及其简单组合体的结构特征,并能运用这些特征描述现实生活中简单物体的结构. ② 了解球、棱柱、棱锥、台的表面积和体积的计算公式(不要求记忆公式). ③ 能画出简单空间图形(长方体、球、圆柱、圆锥、棱柱等的简易组合)的三视图,能识别上述的三视图所表示的立体模型,会使用材料(如纸板)制作模型,会用斜二侧法画出它们的直观图. ④ 通过观察用两种方法(平行投影与中心投影)画出的视图与直观图,了解空间图形的不同表示形式. ⑤ 完成实习作业,如画出某些建筑的视图与直观图(在不影响图形特征的基础上,尺寸、线条等不作严格要求).	新课标提高了对于表面积公式和体积公式的要求;删除了三视图的相关内容;删除了平行投影和中心投影的相关内容;删除了视图与直观图在实际中的应用.

内容	新课标	旧课标	区别
（2）基本图形位置关系	① 借助长方体,在直观认识空间点、直线、平面的位置关系的基础上,抽象出空间点、直线、平面的位置关系的定义,了解以下基本事实(基本事实1～4也称公理)和定理. 基本事实1：过不在一条直线上的三个点,有且只有一个平面. 基本事实2：如果一条直线上的两个点在一个平面内,那么这条直线在这个平面内. 基本事实3：如果两个不重合的平面有一个公共点,那么它们有且只有一条过该点的公共直线. 基本事实4：平行于同一条直线的两条直线平行. 定理：如果空间中两个角的两条边分别对应平行,那么这两个角相等或互补. ② 从上述定义和基本事实出发,借助长方体,通过直观感知,了解空间中直线与直线、直线与平面、平面与平面的平行和垂直的关系,归纳出以下性质定理,并加以证明. ◆ 一条直线与一个平面平行,如果过该直线的平面与此平面相交,那么该直线与交线平行. ◆ 两个平面平行,如果另一个平面与这两个平面相交,那么两条交线平行. ◆ 垂直于同一个平面的两条直线平行. ◆ 两个平面垂直,如果一个平面内有一条直线垂直于这两个平面的交线,那么这条直线与另一个平面垂直. ③ 从上述定义和基本事实出发,借助长方体,通过直观感知,了解空间中直线与直线、直线与平面、平面与平面的平行和垂直的关系,归纳出以下判定定理. ◆ 如果平面外一条直线与此平面内的一条直线平行,那么该直线与此平面平行.	① 借助长方体模型,在直观认识和理解空间点、线、面的位置关系的基础上,抽象出空间线、面位置关系的定义,并了解如下可以作为推理依据的公理和定理. 公理1：如果一条直线上的两点在一个平面内,那么这条直线在此平面内. 公理2：过不在一条直线上的三点,有且只有一个平面. 公理3：如果两个不重合的平面有一个公共点,那么它们有且只有一条过该点的公共直线. 公理4：平行于同一条直线的两条直线平行. 定理：空间中如果两个角的两条边分别对应平行,那么这两个角相等或互补. 通过直观感知、操作确认,归纳出以下性质定理,并加以证明. ◆ 一条直线与一个平面平行,则过该直线的任一个平面与此平面的交线与该直线平行. ◆ 两个平面平行,则任意一个平面与这两个平面相交所得的交线相互平行. ◆ 垂直于同一个平面的两条直线平行. ◆ 两个平面垂直,则一个平面内垂直于交线的直线与另一个平面垂直. ② 以立体几何的上述定义、公理和定理为出发点,通过直观感知、操作确认、思辨论证,认识和理解空间中线面平行、垂直的有关性质与判定. 通过直观感知、操作确认,归纳出以下判定定理. ◆ 平面外一条直线与此平面内的一条直线平行,则该直线与此平面平行. ◆ 一个平面内的两条相交直线与另一个平面平行,则这两个平面平行.	新课标少了"理解",不是不要求理解,而是要求先直观认知,再逐步去理解,表达更贴近实际教学.

内容	新课标	旧课标	区别
(3) 基本图形位置关系	◆ 如果一个平面内的两条相交直线与另一个平面平行,那么这两个平面平行. ◆ 如果一条直线与一个平面内的两条相交直线垂直,那么该直线与此平面垂直. ◆ 如果一个平面过另一个平面的垂线,那么这两个平面垂直. ④ 能用已获得的结论证明空间基本图形位置关系的简单命题.	◆ 一条直线与一个平面内的两条相交直线垂直,则该直线与此平面垂直. ◆ 一个平面过另一个平面的垂线,则两个平面垂直. ③ 能运用已获得的结论证明一些空间位置关系的简单命题.	新课标和旧课标中的这些定理的内容本质上相同,只是新课标中换了一种说法,更加适合现代人的表达方式,不再拗口.
(4) *几何学的发展	收集、阅读几何学发展的历史资料,撰写小论文,论述几何学发展的过程、重要结果、主要人物、关键事件及其对人类文明的贡献.		新课标中增加了几何学的发展,引导学生感悟数学的文化价值.

二、对应题型示例

★ 新课标要求但旧课标不要求

■ 新课标中增加了几何学的发展,引导学生感悟数学的文化价值.

例 1　查阅资料,了解几何学的发展史.

☆ 旧课标要求但新课标不要求

■ 1. 旧课标对三视图有明确要求;而新课标对这部分内容不作要求,删除了该内容.

例 2　正三棱柱 $ABC - A_1B_1C_1$ 如图所示,以面 BCC_1B_1 为正前方画出的三视图正确的是(　　).

A.

正视图　侧视图

俯视图

B.

正视图　侧视图

俯视图

C.

正视图　侧视图

俯视图

D.

正视图　侧视图

俯视图

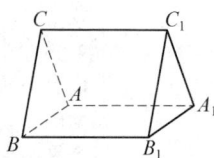

(例 2)

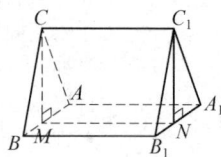

(例 2 解答)

解 把 C、C_1 分别投影到底面,如图所示,所以俯视图中间必有线段 MN.因此选 A.

例3 一个几何体的三视图及其尺寸(单位:cm)如图所示,则该几何体的侧面积为_____cm^2.

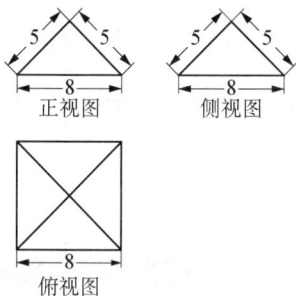

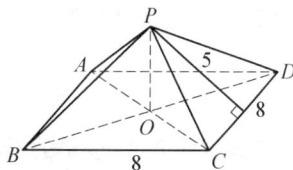

(例3)　　　　　　　(例3解答)

解 先看俯视图定底面——正四棱锥的底面,再结合正视图和俯视图,得直观图,如图所示,再由勾股定理可知斜高 $h'=5$,所以几何体的侧面积 $S_{侧}=4\times\frac{1}{2}\times 8\times 5=80\ cm^2$.

例4 如图所示是一个几何体的三视图,根据图中数据可得该几何体的表面积是( ).

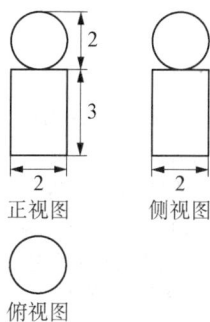

(例4)　　　　　(例4解答)

A. 9π　　　　B. 10π　　　　C. 11π　　　　D. 12π

解 先看俯视图为圆,再结合正视图和侧视图有上、下两部分,可知该几何体下面是圆柱,上面是球,如图所示,所以 $S_{表}=4\pi\times\left(\frac{2}{2}\right)^2+2\times\pi\times\left(\frac{2}{2}\right)^2+2\pi\times\frac{2}{2}\times 3=12\pi$.因此选 D.

■ 2. 旧课标对平行投影和中心投影有明确要求;而新课标对这部分内容不作

要求,删除了该内容.

例5 下列说法正确的是( ).

A. 矩形的中心投影一定是矩形 　B. 两条相交直线的平行投影不可能平行

C. 梯形的中心投影一定是梯形 　D. 平行四边形的中心投影一定是梯形

解 矩形的中心投影不一定是矩形,A 错误;两条相交直线的平行投影一定不可能平行,B 正确;梯形的中心投影不一定是梯形,C 错误;平行四边形的中心投影不一定是梯形,D 错误.因此选 B.

主题四　概率与统计

第一节　概率

一、教学要求对比

内容	新课标	旧课标	区别
（1）随机事件与概率	① 结合具体实例,理解样本点和有限样本空间的含义,理解随机事件与样本点的关系.了解随机事件的并、交与互斥的含义,能结合实例进行随机事件的并、交运算.	① 在具体情境中,了解随机事件发生的不确定性和频率的稳定性,进一步了解概率的意义以及频率与概率的区别.	新课标增加了"理解样本点和有限样本空间的含义",为理解随机事件构建基础.新课标强调"了解随机事件的并、交与互斥的含义,能结合实例进行随机事件的并、交运算",将频率与概率的区别与联系向后移至第 4 点"④".
	② 结合具体实例,理解古典概型,能计算古典概型中简单随机事件的概率.	② 通过实例,理解古典概型及其概率计算公式,会用列举法计算一些随机事件所含的基本事件数及事件发生的概率.	无明显区别.

内容	新课标	旧课标	区别
（1）随机事件与概率	③ 通过实例,理解概率的性质,掌握随机事件概率的运算法则.	③ 通过实例,了解两个互斥事件的概率加法公式.	新课标增加了"理解概率的性质,掌握随机事件概率的运算法则".对于随机事件概率的运算法则,新课标提高了要求,但在内容上,没有明确说明具体有哪些运算法则,为教学拓宽了空间,其要求由了解变为掌握.
		④ 了解随机数的意义,能运用模拟方法(包括计算器产生随机数来进行模拟)估计概率,初步体会几何概型的意义.	新课标删除了几何概型相关内容.
	④ 结合实例,会用频率估计概率.		新课标要求会用频率估计概率,旧课标要求了解频率与概率的区别(见此表"旧课标"一列).
		⑤ 通过阅读材料,了解人类认识随机现象的过程.	旧课标强调通过阅读材料,了解人类认识随机现象的过程.
（2）随机事件的独立性	结合有限样本空间,了解两个随机事件独立性的含义.结合古典概型,利用独立性计算概率.		新课标增加了"结合有限样本空间,了解两个随机事件独立性的含义.结合古典概型,利用独立性计算概率".旧课标在必修内容中未提及"事件独立性"相关内容,"事件独立性"出现在教材选修2-3中.

二、对应题型示例

★ 新课标要求但旧课标不要求

■ 1. 新课标增加了"理解样本点和有限样本空间的含义",为理解随机事件构建基础.

例1 将一枚均匀骰子相继投掷两次,完成以下问题:

(1) 写出样本点和样本空间;

(2) 用 A 表示随机事件"至少有一次掷出 1 点",试用样本点表示事件 A.

解 (1) 首先确定样本点,用 1、2、3、4、5、6 表示掷出的点数,用 (i, j) 表示"第一次掷出 i 点,第二次掷出 j 点",则相继投掷两次的所有可能结果如下:

$$
\begin{array}{llllll}
(1, 1) & (1, 2) & (1, 3) & (1, 4) & (1, 5) & (1, 6) \\
(2, 1) & (2, 2) & (2, 3) & (2, 4) & (2, 5) & (2, 6) \\
(3, 1) & (3, 2) & (3, 3) & (3, 4) & (3, 5) & (3, 6) \\
(4, 1) & (4, 2) & (4, 3) & (4, 4) & (4, 5) & (4, 6) \\
(5, 1) & (5, 2) & (5, 3) & (5, 4) & (5, 5) & (5, 6) \\
(6, 1) & (6, 2) & (6, 3) & (6, 4) & (6, 5) & (6, 6)
\end{array}
$$

注意到 $(1, 2)$ 和 $(2, 1)$ 是不同的样本点,分别表示"第一次掷出 1 点,第二次掷出 2 点"和"第一次掷出 2 点,第二次掷出 1 点"这两个随机事件,因此样本空间共有 36 个样本点.把每个样本点称为基本事件.样本空间为:

$$
\Omega = \left\{
\begin{array}{llllll}
(1, 1), & (1, 2), & (1, 3), & (1, 4), & (1, 5), & (1, 6), \\
(2, 1), & (2, 2), & (2, 3), & (2, 4), & (2, 5), & (2, 6), \\
(3, 1), & (3, 2), & (3, 3), & (3, 4), & (3, 5), & (3, 6), \\
(4, 1), & (4, 2), & (4, 3), & (4, 4), & (4, 5), & (4, 6), \\
(5, 1), & (5, 2), & (5, 3), & (5, 4), & (5, 5), & (5, 6), \\
(6, 1), & (6, 2), & (6, 3), & (6, 4), & (6, 5), & (6, 6)
\end{array}
\right\}
$$

$$
= \{(i, j) \mid i, j = 1, 2, 3, 4, 5, 6\}.
$$

(2) 因为随机事件 $A =$ "至少有一次掷出 1 点",则 A 包括上述样本空间中所有出现 1 的样本点,因此

$$
A = \left\{
\begin{array}{llllll}
(1, 1), & (1, 2), & (1, 3), & (1, 4), & (1, 5), & (1, 6), \\
(2, 1), & (3, 1), & (4, 1), & (5, 1), & (6, 1)
\end{array}
\right\}.
$$

说明：样本点和样本空间是学习古典概型的基础，新课标在学习古典概型之前学习样本点和样本空间的内容，为后续学习古典概型奠定了知识基础.

■ 2. 新课标强调"了解随机事件的并、交与互斥的含义，能结合实例进行随机事件的并、交运算".

例2 箱子里有 3 双不同的手套，随机地拿出 2 只，记事件 $A=\{$拿出的手套不成对$\}$；事件 $B=\{$拿出的手套一只是左手的，一只是右手的$\}$；事件 $C=\{$拿出的手套一只是左手的，一只是右手的，但配不成对$\}$；事件 $D=\{$拿出的都是同一只手上的手套$\}$.

(1) 从 6 只手套中随机拿出 2 只，请罗列出所有的样本点和样本空间；

(2) 分别列出事件 A、事件 B、事件 C、事件 D 的样本空间；

(3) 说出事件 A、事件 B、事件 C 的关系，以及事件 B 与事件 D 的关系.

解 (1) 首先确定样本点，设 3 双手套为：a_1，a_2；b_1，b_2；c_1，c_2，其中 a_1、b_1、c_1 分别代表左手手套，a_2、b_2、c_2 分别代表右手手套. 从以上 6 只手套中随机拿出 2 只，所有的样本点有：

$$(a_1,\ a_2),\ (a_1,\ b_2),\ (a_1,\ c_2),\ (a_1,\ b_1),\ (a_1,\ c_1),$$
$$(a_2,\ b_1),\ (a_2,\ b_2),\ (a_2,\ c_1),\ (a_2,\ c_2),$$
$$(b_1,\ b_2),\ (b_1,\ c_1),\ (b_1,\ c_2),$$
$$(b_2,\ c_1),\ (b_2,\ c_2),$$
$$(c_1,\ c_2).$$

样本空间为：

$$\Omega=\left\{\begin{array}{l}(a_1,\ a_2),\ (a_1,\ b_2),\ (a_1,\ c_2),\ (a_1,\ b_1),\ (a_1,\ c_1),\\ (a_2,\ b_1),\ (a_2,\ b_2),\ (a_2,\ c_1),\ (a_2,\ c_2),\ (b_1,\ c_2),\\ (b_1,\ b_2),\ (b_1,\ c_1),\ (b_2,\ c_1),\ (b_2,\ c_2),\ (c_1,\ c_2)\end{array}\right\}.$$

(2) 事件 A 的样本空间为：

$$\Omega_A=\left\{\begin{array}{l}(a_1,\ b_2),\ (a_1,\ c_2),\ (a_1,\ b_1),\ (a_1,\ c_1),\\ (a_2,\ b_1),\ (a_2,\ b_2),\ (a_2,\ c_1),\ (a_2,\ c_2),\\ (b_1,\ c_2),\ (b_1,\ c_1),\ (b_2,\ c_1),\ (b_2,\ c_2)\end{array}\right\};$$

事件 B 的样本空间为：

$$\Omega_B=\left\{\begin{array}{l}(a_1,\ a_2),\ (a_1,\ b_2),\ (a_1,\ c_2),\\ (a_2,\ b_1),\ (a_2,\ c_1),\ (b_1,\ b_2),\\ (b_1,\ c_2),\ (b_2,\ c_1),\ (c_1,\ c_2)\end{array}\right\};$$

事件 C 的样本空间为：

$$\Omega_C = \begin{cases} (a_1,\ b_2),\ (a_1,\ c_2), \\ (a_2,\ b_1),\ (a_2,\ c_1), \\ (b_1,\ c_2),\ (b_2,\ c_1) \end{cases};$$

事件 D 的样本空间为：

$$\Omega_D = \begin{cases} (a_1,\ b_1),\ (a_1,\ c_1), \\ (a_2,\ b_2),\ (a_2,\ c_2), \\ (b_1,\ c_1),\ (b_2,\ c_2) \end{cases}.$$

（3）事件 A、事件 B、事件 C 的关系为 $A \bigcap B = C$；

因为 $\Omega_B \bigcap \Omega_D = \varnothing$，所以事件 B 与事件 D 的关系为互斥事件.

说明：新课标在事件的样本空间的基础上，研究事件的运算，为后续学习相关概率知识奠定了知识基础.

■ 3. 新课标增加了"理解概率的性质，掌握随机事件概率的运算法则".

例3 从 1，2，3，…，30 中任意选一个数，求这个数是偶数或能被 3 整除的概率.

解 设 $A =$"选到偶数"，$B =$"选到能被 3 整除的数"，则

$A = \{2,\ 4,\ 6,\ 8,\ 10,\ 12,\ 14,\ 16,\ 18,\ 20,\ 22,\ 24,\ 26,\ 28,\ 30\}$，共包含 15 个元素；

$B = \{3,\ 6,\ 9,\ 12,\ 15,\ 18,\ 21,\ 24,\ 27,\ 30\}$，共包含 10 个元素；

$A \bigcap B = \{6,\ 12,\ 18,\ 24,\ 30\}$，共包含 5 个元素.

因而 $P(A) = \dfrac{15}{30} = \dfrac{1}{2}$，$P(B) = \dfrac{10}{30} = \dfrac{1}{3}$，$P(A \bigcap B) = \dfrac{5}{30} = \dfrac{1}{6}$.

所以，这个数是偶数或能被 3 整除的概率为

$$P(A \bigcup B) = P(A) + P(B) - P(A \bigcap B) = \frac{1}{2} + \frac{1}{3} - \frac{1}{6} = \frac{2}{3}.$$

说明：新课标在实际问题的背景下，根据事件的样本空间，研究概率的性质. 概率的性质主要包含：取值范围，即 $0 \leqslant P(A) \leqslant 1$、$P(\varnothing) = 0$、$P(\Omega) = 1$；一般性的加法公式，即 $P(A \bigcup B) = P(A) + P(B) - P(AB)$；概率的单调性，即若事件 $A \subseteq B$，则 $P(A) \leqslant P(B)$ 等. 利用概率的运算法则可以求一些复杂事件的概率.

■ 4. 新课标增加了"结合有限样本空间，了解两个随机事件独立性的含义. 结合古典概型，利用独立性计算概率".

例4 分别抛掷 2 枚质地均匀的硬币，设"第 1 枚为正面"为事件 A，"第 2

枚为正面"为事件 B,"2 枚结果相同"为事件 C.事件 A、B、C 中哪两个相互独立?

解 分别抛掷 2 枚质地均匀的硬币,样本空间为 $\Omega=\{(正,正),(正,反),(反,正),(反,反)\}$.事件 A 包含的样本点有$\{(正,正),(正,反)\}$,事件 B 包含的样本点有$\{(正,正),(反,正)\}$,事件 C 包含的样本点有$\{(正,正),(反,反)\}$.由古典概型计算概率的公式,可以求得:

$$P(A)=0.5,\quad P(B=0.5),\quad P(C)=0.5,$$
$$P(AB)=0.25,\quad P(BC)=0.25,\quad P(AC)=0.25.$$

可以验证:

$$P(AB)=P(A)P(B),\quad P(BC)=P(B)P(C),\quad P(AC)=P(A)P(C)$$

所以根据事件相互独立的定义,有事件 A 与事件 B 相互独立,事件 B 与事件 C 相互独立,事件 A 与事件 C 相互独立.

说明:新课标在样本空间和古典概型的基础上将事件的独立性提前至必修内容进行学习,凸显了以样本空间为基础研究概率的一般思路,让知识的生成更加连贯流畅.

☆ 旧课标要求但新课标不要求

■ 1. 新课标删除了几何概型相关内容.

例5 假设你家订了一份报纸,送报人可能在早上 6:30~7:30 之间把报纸送到你家,你父亲离开家去工作的时间在早上 7:00~8:00 之间,问你父亲在离开家前能得到报纸(记为事件 A)的概率是多少?

解 如图,方形区域内任何一点的横坐标表示送报人到达的时间,纵坐标表示父亲离开家去工作的时间.假设随机试验落在方形区域内任何一点是等可能的,所以符合几何概型的条件.根据题意,只要点落在阴影部分,就表示父亲在离开家前能得到报纸,即事件 A 发生,所以

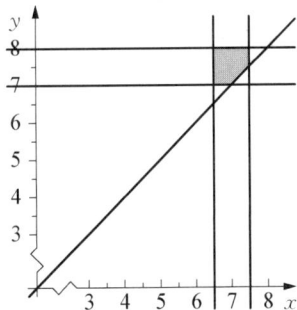

(例5解答)

$$P(A)=\dfrac{60^2-\dfrac{30^2}{2}}{60^2}=87.5\%.$$

说明:新课标在必修课程中删除了几何概型相关内容,使得以有限样本空间为抓手研究事件概率的学习思路更加清晰.

■ 2. 旧课标强调通过阅读材料,了解人类认识随机现象的过程.

例6 1777 年法国科学家布丰(G. L. L. Buffon,1707~1788)做了一个投针试验,这个试验被认为是几何概型的第一个试验. 他在一张大纸上画了一些平行线,相邻两条平行线间的距离都相等. 再把长度等于平行线间距离一半的针投到纸上,并记录投针的总次数及针落到纸上后与平行线中的某一根相交的次数,共计投针 2212 次,其中与平行线相交的有 704 次,发现它们的商 2212 ÷ 704 ≈ 3. 142 045,与 π 非常接近.

以后又有多位数学家重复做过投针试验,得到了类似的结果.

那么,投针试验为什么能算出 π 的近似值呢?

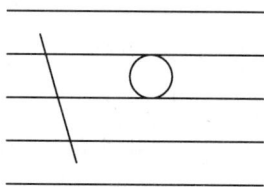

(例 6 解答)

解 如图,取一张大纸,在上面画一组平行线,使相邻两条平行线间的距离都等于 d,再取一个直径为 d 的铁丝圆圈. 如果把这个铁丝圆圈投掷到纸上,则圆圈与平行线组的交点肯定是 2 个. 如果投掷 n 次,则交点总计应为 $2n$ 个. 如果把铁丝拉直(长度不变)再投掷到纸上,则铁丝与平行线组的交点就可能是 4 个、3 个、2 个、1 个或 0 个.

布丰认为,既然两根铁丝长度相等,在大量重复试验时,它们与同一组平行线的交点总数应是相等的. 如果也投掷 n 次,则交点总计也应与 $2n$ 相差甚小. 再考虑铁丝上的每个点,它是否落在平行线组的某一根上也是机会均等的.

现在如果取一段长为 l 的铁丝,则投掷 n 次时,交点总数 n' 应与 $\frac{l}{\pi d} \cdot 2n$ 相差甚小. 即如果一根长度为 l 的铁丝投掷 n 次,得到交点总数为 $n' \approx \frac{l}{\pi d} \cdot 2n$. 故当投掷次数 n 较大时,数 $\frac{2nl}{n'd}$ 应在 π 附近摆动,布丰取 $l = \frac{1}{2}d$,则 $\frac{n}{n'}$ 应在 π 附近摆动. 布丰试验的结果正好反映了这一事实.

说明:本例选自苏教版教材必修 3,反映了旧课标中强调的"通过阅读材料,了解人类认识随机现象的过程".

✦ 新课标和旧课标都要求但要求不同

■ 1. 对于随机事件概率的运算法则,旧课标要求"通过实例,了解两个互斥事件的概率加法公式". 新课标在内容上,没有明确说明具体有哪些运算法则,为教学拓宽了空间,其要求由了解变为掌握,提高了要求.

例7 从一箱产品中随机地抽取 1 件产品,设事件 A ="抽到的是一等品",事件 B ="抽到的是二等品",事件 C ="抽到的是三等品",且已知 $P(A)=0.7$,$P(B)=0.1$,$P(C)=0.05$. 求下列事件的概率:

(1) 事件 D ="抽到的是一等品或三等品";

(2) 事件 E ="抽到的是二等品或三等品".

解　(1) 事件 D 即事件 $A+C$,因为事件 A ="抽到的是一等品"和事件 C ="抽到的是三等品"是互斥事件,由互斥事件的概率加法公式,得

$$P(D)=P(A+C)=P(A)+P(C)=0.7+0.05=0.75.$$

(2) 事件 E 即事件 $B+C$,因为事件 B ="抽到的是二等品"和事件 C ="抽到的是三等品"是互斥事件,由互斥事件的概率加法公式,得

$$P(E)=P(B+C)=P(B)+P(C)=0.1+0.05=0.15.$$

说明:本例重点考查了两个互斥事件的概率加法公式,体现了旧课标的内容要求.

■ 2. 新课标要求会用频率估计概率,旧课标要求了解频率与概率的区别.

例8 有下列说法:

① 频率反映事件发生的频繁程度,概率反映事件发生的可能性大小;

② 做 n 次随机试验,事件 A 发生 m 次,则事件 A 发生的频率就是事件 A 的概率;

③ 频率是不能脱离 n 次试验的试验值,而概率是具有确定性的不依赖于试验次数的理论值;

④ 频率是概率的近似值,概率是频率的稳定值.

其中正确说法的序号是_____.

解　①频率反映事件发生的频繁程度,概率反映事件发生的可能性大小,表述正确,故①正确;②频率是概率的近似值,概率是频率的稳定值,所以它们并不是同一个值,故②错误;③频率是不能脱离 n 次试验的试验值,而概率是具有确定性的不依赖于试验次数的理论值,表述正确,故③正确;④频率的数值是

通过试验完成的,是概率的近似值,概率是频率的稳定值,故④正确.综上所述,正确说法的序号是①③④.

例9 通过试验知道,一枚不均匀的硬币抛掷后易于出现"正面朝上",为了估计出现"正面朝上"的概率,重复抛掷这枚硬币1000次,结果如下表所示:

抛掷次数 n	100	200	300	400	500	600	700	800	1000
出现"正面朝上"的次数 m	63	151	221	289	358	429	497	566	701
"正面朝上"的频率 $\frac{m}{n}$									

(1)计算出现"正面朝上"的频率(结果精确到0.01);

(2)画出出现"正面朝上"频率的折线统计图;

(3)根据频率的稳定性,估计这枚硬币抛掷1次出现"正面朝上"的概率.

解 (1)如下表所示.

抛掷次数 n	100	200	300	400	500	600	700	800	1000
出现"正面朝上"的次数 m	63	151	221	289	358	429	497	566	701
"正面朝上"的频率 $\frac{m}{n}$	0.63	0.76	0.74	0.72	0.72	0.72	0.71	0.71	0.70

(2)利用图形计算器,作出折线统计图,如图所示,可见频率趋近于0.7.

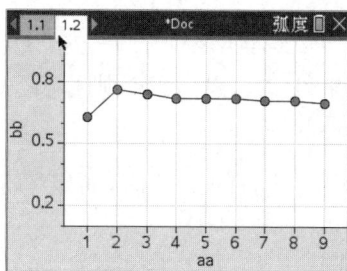

(例9(2)解答)

(3)试验次数越多,数据越精确,当试验1000次时,正面朝上的频率接近概率,所以 $P \approx 0.70$.

说明:新课标要求会用频率估计概率,更侧重于在解决实际问题的过程中运用频率估计概率,强调知识的应用性.

一、教学要求对比

内容	新课标	旧课标	区别
（1）获取数据的基本途径及相关概念	① 知道获取数据的基本途径,包括:统计报表和年鉴、社会调查、试验设计、普查和抽样、互联网等. ② 了解总体、样本、样本量的概念,了解数据的随机性.	能通过试验、查阅资料、设计调查问卷等方法收集数据.	新课标增加了普查和抽样、互联网这些获取数据的途径. 新课标增加了"了解总体、样本、样本量的概念,了解数据的随机性".
（2）抽样	① 简单随机抽样 通过实例,了解简单随机抽样的含义及其解决问题的过程,掌握两种简单随机抽样方法:抽签法和随机数法. 会计算样本均值和样本方差,了解样本与总体的关系. ② 分层随机抽样 通过实例,了解分层随机抽样的特点和适用范围,了解分层随机抽样的必要性,掌握各层样本量比例分配的方法. 结合具体实例,掌握分层随机抽样的样本均值和样本方差. ③ 抽样方法的选择 在简单的实际情境中,能根据实际问题的特点,设计恰当的抽样方法解决问题.	① 能从现实生活或其他学科中提出具有一定价值的统计问题. ② 在参与解决统计问题的过程中,学会用简单随机抽样方法从总体中抽取样本. ③通过对实例的分析,了解分层抽样和系统抽样方法. ④ 结合具体的实际问题情境,理解随机抽样的必要性和重要性.	旧课标强调"能从现实生活或其他学科中提出具有一定价值的统计问题". 新课标增加了"会计算样本均值和样本方差,了解样本与总体的关系". 新课标对分层抽样作了更加细致的要求,要求掌握各层样本量比例分配的方法和分层随机抽样的样本均值和样本方差,比旧课标提高了要求. 新课标删除了对系统抽样方法的要求. 新课标增加了"能根据实际问题的特点,设计恰当的抽样方法解决问题",进一步凸显数学知识在问题解决中的作用.
（3）统计图表	能根据实际问题的特点,选择恰当的统计图表对数据进行可视化描述,体会合理使用统计图表的重要性.	通过实例体会分布的意义和作用,在表示样本数据的过程中,学会列频率分布表、画频率分布直方图、频率折线图、茎叶图,体会它们各自的特点.	旧课标具体指出了要学会列频率分布表、画频率分布直方图、频率折线图、茎叶图等统计图表. 新课标未指明具体的统计图表类型,而是强调"能根据实际问题的特点,选择恰当的统计图表".

内容	新课标	旧课标	区别
（4）用样本估计总体	① 结合实例,能用样本估计总体的集中趋势参数(平均数、中位数、众数),理解集中趋势参数的统计含义.	① 能根据实际问题的需求合理地选取样本,从样本数据中提取基本的数字特征(如平均数、标准差),并作出合理的解释.	新课标强调平均数、中位数、众数均体现数据的集中趋势,增加了对中位数和众数的要求,并要求理解集中趋势参数的统计含义.
	② 结合实例,能用样本估计总体的离散程度参数(标准差、方差、极差),理解离散程度参数的统计含义.	② 通过实例理解样本数据标准差的意义和作用,学会计算数据标准差.	新课标强调标准差、方差、极差均体现数据的离散趋势,增加了对方差和极差的要求,并要求理解离散程度参数的统计含义.
	③ 结合实例,能用样本估计总体的取值规律.	③ 在解决统计问题的过程中,进一步体会用样本估计总体的思想,会用样本的频率分布估计总体分布,会用样本的基本数字特征估计总体的基本数字特征;初步体会样本频率分布和数字特征的随机性.	新课标删除了"初步体会样本频率分布和数字特征的随机性"的要求.
		④ 会用随机抽样的基本方法和样本估计总体的思想,解决一些简单的实际问题;能通过对数据的分析为合理的决策提供一些依据,认识统计的作用,体会统计思维与确定性思维的差异.	旧课标要求"能通过对数据的分析为合理的决策提供一些依据,认识统计的作用,体会统计思维与确定性思维的差异". 新课标在课程内容要求中没有此段文字,但在学业要求中有类似的文字表述.
		⑤ 形成对数据处理过程进行初步评价的意识.	新课标删除了"形成对数据处理过程进行初步评价的意识"的要求.
	④ 结合实例,能用样本估计百分位数,理解百分位数的统计含义.		新课标增加了"能用样本估计百分位数,理解百分位数的统计含义",对样本数据的分析提出了新的要求.

二、对应题型示例

★ 新课标要求但旧课标不要求

■ 1. 新课标增加了普查和抽样,尤其增加了在互联网上获取数据的新途径,更加贴近当下互联网时代的背景,凸显数学在生活中的作用.

例1 医生是如何检验人的血液中血脂含量是否偏高的?你觉得这样做的合理性是什么?

解 医生在检验人的血液中血脂含量是否偏高时,通常是抽取少量的血样进行检验,然后由此作出推断,认为这个人的血液状况基本如此.医生在检验时是不可能将一个人的全部血液都抽出来进行普查的.

说明:普查是为了特定的目的对全部考察对象进行的全面调查,抽样调查是从总体中抽取部分个体进行调查.在现实生活中对于一些总体数量庞大或在调查过程中易损坏的对象常采用抽样的方法进行调查.

例2 为了了解各自受欢迎的程度,甲、乙两个网站分别随机选取了 14 天,记录下上午 8:00~10:00 间各自的点击量:

　　甲:73,24,58,72,64,38,66,70,20,41,55,67,8,25;

　　乙:12,37,21,5,54,42,61,45,19,6,19,36,42,14.

你能用茎叶图表示上面的数据吗?你认为甲、乙两个网站哪个更受欢迎?

解 根据题意,茎叶图如图所示.

从茎叶图可得,甲网站点击率比乙网站点击率更高,故甲网站更受欢迎.

说明:随着大数据时代的到来,互联网在人们的生活中几乎无处不在,新课标增加了互联网这一获取数据的重要途径,引导学生体会数学知识在大数据时代的重要作用,提高学生的学习兴趣.

甲		乙
8	0	5 6
	1	2 4 9 9
4 5 0	2	1
8	3	6 7
1	4	2 2 5
8 5	5	4
7 6 4	6	1
3 2 0	7	

(例2解答)

■ 2. 新课标增加了"了解总体、样本、样本量的概念,了解数据的随机性".

例3 为客观了解上海市民家庭的存书量,上海市统计局社情民意调查中心通过电话调查系统开展专项调查,成功访问了 2007 位市民,在这项调查中,总体、样本及样本量分别是(　　).

A. 总体是上海市民家庭总数量,样本是 2007 位市民家庭的存书量,样本

量是 2007

B．总体是上海市民家庭的存书量，样本是 2007 位市民家庭的存书量，样本量是 2007

C．总体是上海市民家庭的存书量，样本是 2007 位市民，样本量是 2007

D．总体是上海市民家庭总数量，样本是 2007 位市民，样本量是 2007

解　根据题目可知，总体是上海市民家庭的存书量，样本是 2007 位市民家庭的存书量，样本的量是 2007，因此选 B．

■　3．新课标增加了"会计算样本均值和样本方差，了解样本与总体的关系"．

例 4　在一项农业试验中，A、B 两种肥料分别被用于同类橘子树的生长，为了了解这两种肥料的效果，试验人员分别从施用这两种肥料的橘子树中随机抽取了 12 棵，以下给出了每一棵橘子树的产量（单位：kg）：

肥料 A：63，54，19，20，72，92，8，10，22，11，24，5；

肥料 B：57，86，33，40，59，56，73，25，44，31，64，45．

你认为哪种肥料对橘子树的产量影响更大？为什么？

解　施用肥料 A 的橘子树的产量的平均数为：

$$\frac{63+54+19+20+72+92+8+10+22+11+24+5}{12}=\frac{100}{3}\approx 33.3;$$

施用肥料 B 的橘子树的产量的平均数为：

$$\frac{57+86+33+40+59+56+73+25+44+31+64+45}{12}=\frac{613}{12}\approx 51.1;$$

施用肥料 A 的橘子树的产量的方差为：

$$s_A^2=\frac{1}{12}\big[(63-33.3)^2+(54-33.3)^2+(19-33.3)^2+$$
$$(20-33.3)^2+(72-33.3)^2+(92-33.3)^2+$$
$$(8-33.3)^2+(10-33.3)^2+(22-33.3)^2+$$
$$(11-33.3)^2+(24-33.3)^2+(5-33.3)^2\big]\approx 848.2;$$

施用肥料 B 的橘子树的产量的方差为：

$$s_B^2=\frac{1}{12}\big[(57-51.1)^2+(86-51.1)^2+(33-51.1)^2+$$
$$(40-51.1)^2+(59-51.1)^2+(56-51.1)^2+$$
$$(73-51.1)^2+(25-51.1)^2+(44-51.1)^2+$$

$$(31-51.1)^2+(64-51.1)^2+(45-51.1)^2]\approx 328.1,$$

所以使用肥料 B 对橘子树的产量影响更大，因为产量相对较高且比较稳定.

说明:"会计算样本均值与样本方差"这一要求出现在新课标的"抽样"内容中,而旧课标出现在"用样本估计总体"内容中.新课标将样本均值与样本方差前置,更加符合数学知识的生成过程与学习过程.

■ 4. 新课标增加了"能根据实际问题的特点,设计恰当的抽样方法解决问题".

例 5 某公司有 1000 名员工,其中高层管理人员为 50 名,属于高收入者;中层管理人员为 150 名,属于中等收入者;一般员工为 800 名,属于低收入者.要对这个公司员工的收入情况进行调查,欲抽取 100 名员工,应当怎样进行抽样?

解 我们可以采用分层抽样的方法,按照收入水平分成三层:高收入者、中等收入者、低收入者.从题中数据可以看出,高收入者为 50 名,占所有员工的比例为 $\dfrac{50}{1000}=5\%$,为保证样本的代表性,在所抽取的 100 名员工中,高收入者所占的比例也应为 5%,数量为 $100\times5\%=5$,所以应抽取 5 名高层管理人员,同理,抽取 15 名中层管理人员、80 名一般员工,再对它们的收入状况分别进行调查.

说明:新课标重视培养学生发现问题、提出问题、分析问题和解决问题的能力,引导学生用数学的思维来看待生活.

■ 5. 新课标强调平均数、中位数、众数均体现数据的集中趋势,增加了对中位数和众数的要求,并要求理解集中趋势参数的统计含义.

例 6 某公司员工的月工资情况如下表所示:

月工资/元	8000	5000	4000	2000	1000	800	700	600	500
员工/人	1	2	4	6	12	8	20	5	2

(1) 分别计算该公司员工月工资的平均数、中位数和众数.

(2) 公司经理会选取上面哪个数来代表该公司员工的月工资情况? 税务官呢? 工会领导呢?

解 (1) 该公司员工月工资的平均数为:

$$\frac{8000\times1+5000\times2+4000\times4+2000\times6+1000\times12+800\times8+700\times20+600\times5+500\times2}{1+2+4+6+12+8+20+5+2}\approx1373,$$

即月工资的平均数为 1373 元. 把所有员工的月工资数按从大到小的顺序依次排列,中间的两个数均为 800,因此月工资的中位数为 800 元. 在所有员工的月工资数中,700 出现了 20 次,出现的次数最多,因此月工资的众数为 700 元.

（2）公司经理为了显示本公司员工的收入高,采用月工资的平均数 1373 元作为月工资的代表;而税务官希望取月工资的中位数 800 元作为代表,以便知道目前的所得税率对该公司的多数员工是否有利;工会领导则主张用月工资的众数 700 元作为代表,因为每月拿 700 元的员工数最多.

■ 6. 新课标强调标准差、方差、极差均体现数据的离散趋势,增加了对方差和极差的要求,并要求理解离散程度参数的统计含义.

例 7　甲、乙两台机床同时生产直径是 40 mm 的零件,为了检验产品质量,从两台机床生产的产品中各抽取 10 件进行测量,结果如下表所示:

甲机床生产的 零件直径/mm	40.0	39.8	40.1	40.2	39.9	40.0	40.2	39.8	40.2	39.8
乙机床生产的 零件直径/mm	40.0	40.0	39.9	40.0	39.9	40.1	40.1	40.1	40.0	39.9

经过简单计算可以得出:甲、乙两台机床生产的这 10 件产品直径平均数都是 40mm,但从表中的数据不难发现,甲生产的产品尺寸波动幅度比乙大,我们用如图所示的折线统计图可以直观地表示出这两组数据的离散情况.

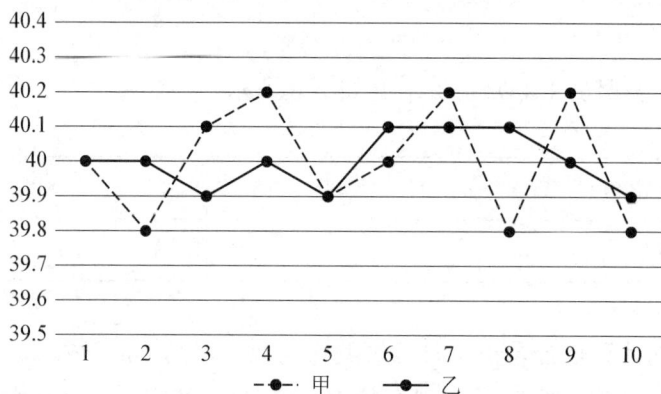

(例 7)

你能选择适当的数分别表示这两组数据的离散程度吗?

解　方法 1(极差法)

甲：$40.2-39.8=0.4(\text{mm})$；乙：$40.1-39.9=0.2(\text{mm})$.

方法 2（方差法）

甲：$s_甲^2=\dfrac{1}{10}\big[(40-40)^2+(30.8-40)^2+\cdots+(39.8-40)^2\big]=0.026(\text{mm}^2)$；

乙：$s_乙^2=\dfrac{1}{10}\big[(40-40)^2+(40-40)^2+\cdots+(39.9-40)^2\big]=0.006(\text{mm}^2)$.

方法 3（标准差法）

甲：$s_甲=\sqrt{\dfrac{1}{10}\big[(40-40)^2+(30.8-40)^2+\cdots+(39.8-40)^2\big]}=0.169\,967$；

乙：$s_乙=\sqrt{\dfrac{1}{10}\big[(40-40)^2+(40-40)^2+\cdots+(39.9-40)^2\big]}=0.081\,65$.

说明：新课标提高了对数据样本的数字特征的要求，不仅要求会算，更要求理解两类（集中趋势、离散程度）六种（均值、中位数、众数、极差、方差、标准差）样本数字特征的统计含义.这意味着要求学生能够理解每个数字特征之间的联系与区别，并在解决实际问题的过程中能够选择合适的数字特征加以使用.

7. 新课标增加了"能用样本估计百分位数，理解百分位数的统计含义"，对样本数据的分析提出了新的要求.

例8 我国是世界上严重缺水的国家之一，城市缺水问题较为突出.某市政府为了节约生活用水，计划在本市试行居民生活用水定额管理，即确定一个居民月用水量标准 a，用水量不超过 a 的部分按平价收费，超出 a 的部分按议价收费.

由于城市住户较多，通常采用抽样调查的方式，通过分析样本数据来估计全市居民用水量的分布情况.假设通过抽样，我们获得了 100 位居民某年的月平均用水量（单位：t）：

```
3.1  2.5  2.0  2.0  1.5  1.0  1.6  1.8  1.9  1.6
3.4  2.6  2.2  2.2  1.5  1.2  0.2  0.4  0.3  0.4
3.2  2.7  2.3  2.1  1.6  1.2  3.7  1.5  0.5  3.8
3.3  2.8  2.3  2.2  1.7  1.3  3.6  1.7  0.6  4.1
3.2  2.9  2.4  2.3  1.8  1.4  3.5  1.9  0.8  4.3
3.0  2.9  2.4  2.4  1.9  1.3  1.4  1.8  0.7  2.0
2.5  2.8  2.3  2.3  1.8  1.3  1.3  1.6  0.9  2.3
2.6  2.7  2.4  2.1  1.7  1.4  1.2  1.5  0.5  2.4
```

2.5　2.6　2.3　2.1　1.6　1.0　1.0　1.7　0.8　2.4

2.8　2.5　2.2　2.0　1.5　1.0　1.2　1.8　0.6　2.2

若 a 为该组数据90%百分位数,求 a.

解　根据百分位数的定义,首先将100位居民的月平均用水量按升序排列,得到如下有序样本:

0.2　0.3　0.4　0.4　0.5　0.5　0.6　0.6　0.7　0.8

0.8　0.9　1.0　1.0　1.0　1.0　1.2　1.2　1.2　1.2

1.3　1.3　1.3　1.3　1.4　1.4　1.4　1.5　1.5　1.5

1.5　1.5　1.6　1.6　1.6　1.6　1.6　1.7　1.7　1.7

1.7　1.8　1.8　1.8　1.8　1.8　1.9　1.9　1.9　2.0

2.0　2.0　2.0　2.1　2.1　2.1　2.2　2.2　2.2　2.2

2.2　2.3　2.3　2.3　2.3　2.3　2.3　2.3　2.4　2.4

2.4　2.4　2.4　2.4　2.5　2.5　2.5　2.5　2.6　2.6

2.6　2.7　2.7　2.8　2.8　2.8　2.9　2.9　3.0　3.1

3.2　3.2　3.3　3.4　3.5　3.6　3.7　3.8　4.1　4.3

这组数据的样本量是100,最小值是0.2,最大值是4.3,说明100位居民的月平均用水量最小是0.2 t,最大是4.3 t,极差是4.1 t.

因为 $100 \times 90\% = 90$,所以该组数据的90%百分位数为样本中第90个数(3.1)和第91个数(3.2)的平均数,即3.15.所以该组数据的90%百分位数 $a = 3.15$.

说明:百分位数是新课标新增的内容,是根据样本估计总体的新工具,是解决一些决策性问题的新方法,旧课标中无此项内容,教师在教学中应予以充分重视.

☆ 旧课标要求但新课标不要求

■ 1. 旧课标强调"能从现实生活或其他学科中提出具有一定价值的统计问题".

例9　现有甲、乙两种花生果实各1 kg,已知果实大小发生了变异情况,请设计方案统计甲、乙两种花生果实的大小情况.

解　可将甲、乙花生果实分别进行编号,如1,2,3,4,…,然后采用系统抽样方法,从甲、乙两种果实中分别抽取30粒作为样本,测量样本花生的大小,得到样本数据.通过计算样本的平均数和方差等数字特征,可以估计总体的情况,进而对花生果实大小变异情况给出相关结论.

说明:统计是研究如何合理收集、整理、分析数据的学科,它可以为人们制定决策提供依据,统计问题在生活中随处可见,在其他学科中也是重要的分析手段,故应启发学生用数学眼光观察生活,用数学知识理解其他学科知识.

■ 2. 旧课标要求通过对实例的分析,了解分层抽样和系统抽样方法,新课标删除了对系统抽样方法的要求.

例 10 某校共有 118 名教师,为了支援西部的教育事业,现要从中随机抽出 16 名教师组成暑期西部讲师团.请用系统抽样法选出讲师团成员.

解 可按以下步骤进行抽样:

① 对这 118 名教师进行编号;

② 计算间隔 $k = \dfrac{118}{16} = 7.375$,由于 k 不是整数,所以我们从总体中随机剔除 6 个样本,再进行系统抽样,例如我们随机剔除了编号为 3、46、59、57、112、93 的 6 名教师,然后再对剩余的 112 名教师进行重新编号,计算间隔 $k = 7$;

③ 在 1~7 之间随机选取一个数字,例如选 5,将 5 加上间隔 7 得到第 2 个个体编号 12,再加上 7 得到第 3 个个体编号 19,依次进行下去,直到获取整个样本.

说明:此题重点考查了系统抽样方法及其在实际问题中的应用.

■ 3. 旧课标要求"初步体会样本频率分布和数字特征的随机性",新课标删除了相关要求.

例 11 有 20 种不同的零食,它们的热量含量如下:

| 110 | 120 | 123 | 165 | 432 | 190 | 174 | 235 | 428 | 318 |

| 249 | 280 | 162 | 146 | 210 | 120 | 123 | 120 | 150 | 140 |

(1) 以上述 20 个数据组成总体,求总体平均数与总体标准差.

(2) 设计恰当的随机抽样方法,从总体中抽取一个容量为 7 的样本,求样本平均数与样本标准差.

(3) 利用上面的抽样方法,再抽取容量为 7 的样本,计算样本平均数和样本标准差.这个样本的平均数与标准差和(2)中的结果一样吗? 为什么?

(4) 利用(2)中的随机抽样方法,分别从总体中抽取一个容量为 10、13、16、19 的样本,求样本平均数与样本标准差.分析样本容量与样本平均数和样本标准差对总体的估计效果之间有什么关系.

解 (1) 总体平均数为 119.75,总体标准差为 95.26.

(2) 可以使用抓阄法进行抽样,样本平均数和样本标准差的计算结果和抽取到的样本有关.

(3) 如再使用抓阄法抽取容量为 7 的样本,样本的平均数和标准差和(2)中的结果不一样的可能性相当大,因为样本是总体中的部分数据,样本的数字特征与总体的数字特征之间存在一定误差.

(4) 一般来说,样本容量越大,样本平均数和样本标准差对总体的估计效果越好.

说明:此题主要让学生体会样本数字特征的随机性与规律性.

■ 4. 旧课标要求"形成对数据处理过程进行初步评价的意识",新课标删除了相关要求.

例 12　在训练运动员的过程中,需要进行体能测试,这种测试通常是由专业部门完成的.下表中的结果是由两个权威部门对 10 名游泳运动员进行体能测试后给出的.

测试	A	B	C	D	E	F	G	H	I	J
T_1	20	23	24	18	17	16	25	24	21	19
T_2	31	39	39	29	28	31	40	30	31	30

已经知道,对全国样本,测试 T_1 的平均数为 20,标准差为 2;测试 T_2 的平均数为 35,标准差为 3.

(1) 上述两个测试哪一个做得更好些?

(2) 如果你是教练,为了增强你的队员的信心,你应该选择哪个测试?

解　(1) 由于 T_1 的标准差小,所以测试结果更稳定,该测试做得更好一些.

(2) 由于 T_2 测出的平均数较高一些,有利于增强队员的信心,所以教练应选择测试 T_2.

★ 新课标和旧课标都要求但要求不同

■ 1. 新课标对分层抽样作了更加细致的要求,要求掌握各层样本量比例分配的方法和分层随机抽样的样本均值和样本方差,比旧课标提高了要求.

例 13　某市有大型、中型与小型的商店共 1500 家,它们的家数之比为 1:

5∶9. 要调查商店的每日零售额情况,要求抽取其中的 30 家商店进行调查.

(1) 根据题意,若按大型、中型、小型对商店分层,每层应抽取多少家商店?

(2) 根据样本调查得各类商店平均日销售额如下表所示,试估计该市所有商店日销售额的平均值(结果保留小数点后两位小数).

类型	平均日销售额(单位:万元)
大型	27.5
中型	11.8
小型	2.7

解 (1) 根据分层抽样方法,确定抽取比例为 $\dfrac{30}{1500}=0.02$,按大型、中型、小型对商店分层,每层应抽取商店数如下表所示:

类型	抽取数量
大型	$1500 \times \dfrac{1}{1+5+9} \times 0.02 = 2$
中型	$1500 \times \dfrac{5}{1+5+9} \times 0.02 = 10$
小型	$1500 \times \dfrac{9}{1+5+9} \times 0.02 = 18$

(2) 设样本中大型、中型、小型商店平均日销售额分别为 x_1、x_2、x_3,该市所有商店日销售额平均值为 x. 则

$$x = \frac{1}{15} \times x_1 + \frac{1}{3} \times x_2 + \frac{3}{5} \times x_3$$

$$= \frac{1}{15} \times 27.5 + \frac{1}{3} \times 11.8 + \frac{3}{5} \times 2.7 \approx 7.39 (万元).$$

说明:新课标删除了"系统抽样",提高了对"分层抽样"的要求,主要体现在对分层抽样的要求由了解变为掌握,还增加了"掌握分层随机抽样的样本均值和样本方差"的要求.

2. 旧课标具体指出了要学会列频率分布表、画频率分布直方图、频率折线图、茎叶图等统计图表;新课标未指明具体的统计图表类型,而是强调"能根据实际问题的特点,选择恰当的统计图表".

例 14 某旅游城市为向游客介绍本地的气温情况,绘制了一年中各月的平

均最高气温和平均最低气温的雷达图,如图所示.图中点 A 表示十月的平均最高气温约为 15℃,点 B 表示四月的平均最低气温约为 5℃.下列叙述不正确的是(　　).

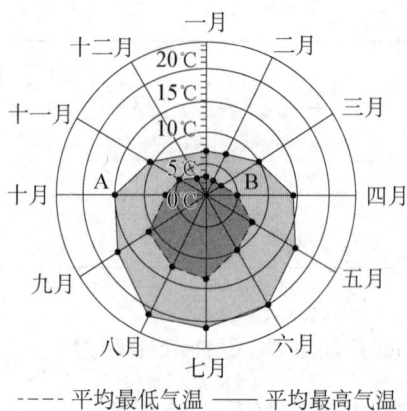

(例 14)

A. 各月的平均最低气温都在 0℃以上

B. 七月的平均温差比一月的平均温差大

C. 三月和十一月的平均最高气温基本相同

D. 平均最高气温高于 20℃的月份有 5 个

解 由题图可知,0℃在虚线框内,所以各月的平均最低气温都在 0℃以上,A 正确;七月的平均温差比一月的平均温差大,B 正确;三月和十一月的平均最高气温都约为 10℃,基本相同,C 正确;平均最高气温高于 20℃的月份不是 5 个,D 错误.因此选 D.

说明:新课标未指明具体的统计图表类型,而是强调要根据实际问题的特点选择恰当的统计图表,这说明在面对新的统计图表时,要求学生应具备从图表中获取信息的能力,并能观察、分析、研究统计图表,作出正确的判断并解决问题.

第二部分　选择性必修课程

主题一　函数

第一节　数列

一、教学要求对比

内容	新课标	旧课标	区别
(1) 数列概念	通过日常生活和数学中的实例,了解数列的概念和表示方法(列表、图象、通项公式),了解数列是一种特殊函数.	通过日常生活中的实例,了解数列的概念和几种简单的表示方法(列表、图象、通项公式),了解数列是一种特殊函数.	新课标增加了通过数学中的实例了解数列的概念.
(2) 等差数列	① 通过生活中的实例,理解等差数列的概念和通项公式的意义. ② 探索并掌握等差数列的前 n 项和公式,理解等差数列的通项公式与前 n 项和公式的关系. ③ 能在具体的问题情境中,发现数列的等差关系,并解决相应的问题. ④ 体会等差数列与一元一次函数的关系.	① 通过实例,理解等差数列、等比数列的概念. ② 探索并掌握等差数列、等比数列的通项公式与前 n 项和的公式. ③ 能在具体的问题情境中,发现数列的等差关系或等比关系,并能用有关知识解决相应的问题. ④ 体会等差数列、等比数列与一次函数、指数函数的关系.	新课标要求通过生活中的实例理解等差数列的概念,强调数学与生活的联系,凸显了数列的应用性. 新课标增加了"理解等差数列的通项公式与前 n 项和公式的关系",对等差数列提出了更高的要求.
(3) 等比数列	① 通过生活中的实例,理解等比数列的概念和通项公式的意义. ② 探索并掌握等比数列的前 n 项和公式,理解等比数列的通项公式与前 n 项和公式的关系. ③ 能在具体的问题情境中,发现数列的等比关系,并解决相应的问题. ④ 体会等比数列与指数函数的关系.		新课标要求通过生活中的实例理解等比数列的概念,强调数学与生活的联系,引导学生感悟数学的应用价值. 新课标增加了"理解等比数列的通项公式与前 n 项和公式的关系",对等比数列提出了更高的要求.

续　表

内容	新课标	旧课标	区别
(4)＊数学归纳法	了解数学归纳法的原理，能用数学归纳法证明数列中的一些简单命题.	了解数学归纳法的原理，能用数学归纳法证明一些简单的数学命题.	新课标强调数学归纳法的应用范围限于"数列"中的一些简单命题.

二、对应题型示例

★　新课标要求但旧课标不要求

■　1. 新课标要求通过生活中的实例理解等差(比)数列的概念，强调数学与生活的联系，凸显了数列的应用性.

例1　(1) 第 23 届到第 29 届奥运会举行的年份依次为：

　　1984，1988，1992，1996，2000，2004，2008.

(2) 一堆钢管共 5 层，最下面一层是 5 根，上面一层总比下面一层少 1 根，则从下往上数，每层的根数分别为：

　　5，4，3，2，1.

(3) 某电信公司的一种计费标准是：通话时间不超过 3 min，收话费 0.2 元，以后每分钟收话费 0.1 元，不满 1 min 按 1 min 计，则通话费按从小到大的顺序依次为：

　　0.2，0.3，0.4，0.5，….

(4) 如果 1 年期储蓄的月利率为 1.65‰，那么将 10 000 元分别存 1 个月、2 个月、3 个月、……、12 个月，所得的本利和依次为：

$10\,000+16.5$，$10\,000+16.5\times2$，$10\,000+16.5\times3$，…，$10\,000+16.5\times12$.

上面这些数列有什么共同特点？如何表示出这样的特点？

解　略.

说明：通过几个实例让学生抽象出等差数列的概念，并引导学生多元表征出数列属性：文字表示，符号表示，连等表示，中项表示等，充分培养学生的抽象概括能力、语言表达能力、文字语言与数学语言的转换能力，提升数学抽象素养.

例2　如图①是第七届国际数学教育大会(简称 ICME－7)的会徽图案，会徽的主体图案是由如图②的一连串直角三角形演化而成的，其中 $OA_1=A_1A_2=$

$A_2A_3 = \cdots = A_7A_8 = 1$，如果把图 ② 中的直角三角形继续作下去，记 OA_1，OA_2，$\cdots$，OA_n，$\cdots$ 的长度构成数列 $\{a_n\}$，则此数列的通项公式为(　　).

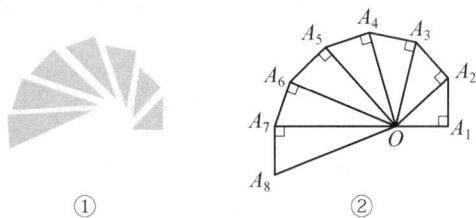

① ②

(例 2)

A. $a_n = n$，$n \in \mathbf{N}^*$ 　　B. $a_n = \sqrt{n+1}$，$n \in \mathbf{N}^*$

C. $a_n = \sqrt{n}$，$n \in \mathbf{N}^*$ 　　D. $a_n = n^2$，$n \in \mathbf{N}^*$

解　因为 $OA_1 = 1$，$OA_2 = \sqrt{2}$，$OA_3 = \sqrt{3}$，$\cdots$，$OA_n = \sqrt{n}$，$\cdots$，所以 $a_1 = 1$，$a_2 = \sqrt{2}$，$a_3 = \sqrt{3}$，$\cdots$，$a_n = \sqrt{n}$. 因此选 C.

说明：在实际问题中，非等差、等比数列，可考虑经适当转化，利用等差、等比数列方法解决. 在利用数列方法解决实际问题时，一定要确认首项、项数等关键因素.

■　2. 数学归纳法在旧课标中安排在理科选修 2－2 和选修 4－5 中，而文科内容中并没有明确要求；新课标对该内容作了统一性要求，而且只限于了解数学归纳法的原理，能用数学归纳法证明数列中的一些简单命题.

例 3　设 $f(x) = \dfrac{2x}{x+2}$，$x_1 = 1$，$x_n = f(x_{n-1})(n \geqslant 2$，$n \in \mathbf{N}^*)$.

(1) 求 x_2、x_3、x_4 的值；

(2) 归纳数列 $\{x_n\}$ 的通项公式，并用数学归纳法证明.

解　(1) $x_2 = f(x_1) = \dfrac{2}{3}$，

$$x_3 = f(x_2) = \dfrac{2 \times \dfrac{2}{3}}{\dfrac{2}{3} + 2} = \dfrac{1}{2} = \dfrac{2}{4},$$

$$x_4 = f(x_3) = \dfrac{2 \times \dfrac{1}{2}}{\dfrac{1}{2} + 2} = \dfrac{2}{5}.$$

(2) 根据计算结果，可以归纳出 $x_n = \dfrac{2}{n+1}$. 证明如下：

① 当 $n=1$ 时，$x_1=\dfrac{2}{1+1}=1$，与归纳相符，归纳出的公式成立.

② 假设当 $n=k(k\in \mathbf{N}^*)$ 时，公式成立，即 $x_k=\dfrac{2}{k+1}$，那么

$$x_{k+1}=\frac{2x_k}{x_k+2}=\frac{2\times \dfrac{2}{k+1}}{\dfrac{2}{k+1}+2}=\frac{4}{2k+4}=\frac{2}{k+1+1},$$

所以当 $n=k+1$ 时，公式也成立.

由①②知，当 $n\in \mathbf{N}^*$ 时，$x_n=\dfrac{2}{n+1}$.

例4 用数学归纳法证明对一切 $n\in \mathbf{N}^*$，$1+\dfrac{1}{2^2}+\dfrac{1}{3^2}+\cdots+\dfrac{1}{n^2}\geqslant \dfrac{3n}{2n+1}$.

证明 ① 当 $n=1$ 时，左边 $=1$，右边 $=\dfrac{3\times 1}{2\times 1+1}=1$，不等式成立.

② 假设当 $n=k$ 时，不等式成立，即

$$1+\frac{1}{2^2}+\frac{1}{3^2}+\cdots+\frac{1}{k^2}\geqslant \frac{3k}{2k+1},$$

则当 $n=k+1$ 时，要证 $1+\dfrac{1}{2^2}+\dfrac{1}{3^2}+\cdots+\dfrac{1}{k^2}+\dfrac{1}{(k+1)^2}\geqslant \dfrac{3(k+1)}{2(k+1)+1}$，只需

证 $\dfrac{3k}{2k+1}+\dfrac{1}{(k+1)^2}\geqslant \dfrac{3(k+1)}{2k+3}$.

因为

$$\frac{3(k+1)}{2k+3}-\left[\frac{3k}{2k+1}+\frac{1}{(k+1)^2}\right]$$
$$=\frac{3}{4(k+1)^2-1}-\frac{1}{(k+1)^2}=\frac{1-(k+1)^2}{(k+1)^2[4(k+1)^2-1]}$$
$$=\frac{-k(k+2)}{(k+1)^2(4k^2+8k+3)}\leqslant 0,$$

所以 $\dfrac{3k}{2k+1}+\dfrac{1}{(k+1)^2}\geqslant \dfrac{3(k+1)}{2k+3}$，即

$$1+\frac{1}{2^2}+\frac{1}{3^2}+\cdots+\frac{1}{k^2}+\frac{1}{(k+1)^2}\geqslant \frac{3(k+1)}{2(k+1)+1},$$

所以当 $n=k+1$ 时，不等式成立.

由①②知，不等式对一切 $n\in \mathbf{N}^*$ 都成立.

说明：数学归纳法体现了合情推理与演绎推理的关系,使学生感受"观察、归纳、推理、证明"的思维方式,提高学生的逻辑思维能力和创新意识,促使学生从有限思维到无限思维的发展.

⭐ 新课标和旧课标都要求但要求不同

■ 1. 把数列调整到函数主题中,作为一类特殊的函数来研究学习,能通过列表、图象、通项公式表示数列,能借助研究函数的方法研究数列,感悟通项公式是数列这一类重要离散函数的重要表征.

例5 以数列 2，4，6，8，10，12，…为例,你能用几种方法表示这个数列?

解 ① 通项公式法:$a_n = 2n$, $n \in \mathbf{N}^*$.

② 递推公式法:$\begin{cases} a_1 = 2, \\ a_{n+1} = a_n + 2, \ n \in \mathbf{N}^*. \end{cases}$

③ 列表法:

n	1	2	3	⋯	k	⋯
a_n	2	4	6	⋯	$2k$	⋯

④ 图象法(如图所示):

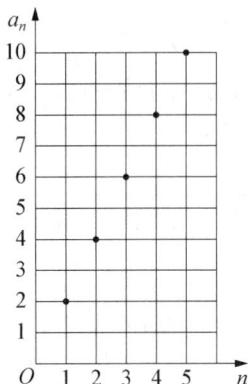

(例5解答)

例6　在数列 $\{a_n\}$ 中，$a_n = n(n-8) - 20$，回答下列问题：

(1) 这个数列共有几项为负？

(2) 这个数列从第几项开始递增？

(3) 这个数列中有无最小值？若有，求出最小值；若无，请说明理由.

解　(1) 因为 $a_n = n(n-8) - 20 = (n+2)(n-10)$，所以当 $0 < n < 10$ 时，$a_n < 0$，所以数列 $\{a_n\}$ 共有 9 项为负.

(2) 因为 $a_{n+1} - a_n = 2n - 7$，所以当 $a_{n+1} - a_n > 0$ 时，$n > \dfrac{7}{2}$，故从第 4 项开始数列 $\{a_n\}$ 递增.

(3) $a_n = n(n-8) - 20 = (n-4)^2 - 36$，根据二次函数的性质知，当 $n = 4$ 时，a_n 取得最小值 -36，即数列中有最小值，最小值为 -36.

例7　已知数列 $\left\{\dfrac{9n^2 - 9n + 2}{9n^2 - 1}\right\}$，$n \in \mathbf{N}^*$.

(1) 求证：该数列是递增数列；

(2) 在区间 $\left(\dfrac{1}{3}, \dfrac{2}{3}\right)$ 内有无数列中的项？若有，有几项？若没有，请说明理由.

解　(1) 证明：因为

$$a_n = \frac{9n^2 - 9n + 2}{9n^2 - 1} = \frac{(3n-1)(3n-2)}{(3n-1)(3n+1)}$$

$$= \frac{3n-2}{3n+1} = \frac{(3n+1)-3}{3n+1}$$

$$= 1 - \frac{3n-2}{3n+1},$$

所以

$$a_{n+1} - a_n = \left(1 - \frac{3}{3(n+1)+1}\right) - \left(1 - \frac{3}{3n+1}\right)$$

$$= \frac{3[(3n+4)-(3n+1)]}{(3n+1)(3n+4)}$$

$$= \frac{9}{(3n+1)(3n+4)} > 0, \ n \in \mathbf{N}^*.$$

所以，$\{a_n\}$ 是递增数列.

(2) 令 $\dfrac{1}{3} < a_n = \dfrac{3n-2}{3n+1} < \dfrac{2}{3}$，所以 $\begin{cases} 3n+1 < 9n-6, \\ 9n-6 < 6n+2, \end{cases}$ 解得 $\dfrac{7}{6} < n < \dfrac{8}{3}$，当且仅当 $n = 2$ 时，上式成立，故在区间 $\left(\dfrac{1}{3}, \dfrac{2}{3}\right)$ 上有数列中的项，且只有一项为 $a_2 = \dfrac{4}{7}$.

例8 已知数列 $\{a_n\}$ 的通项公式 $a_n = pn + q$,其中 p、q 为常数,那么这个数列一定是等差数列吗? 若是,首项和公差分别是多少?

解 取数列 $\{a_n\}$ 中任意相邻两项 a_n 和 $a_{n-1}(n > 1)$,求差得

$$a_n - a_{n-1} = (pn + q) - [p(n-1) + q]$$
$$= pn + q - [pn - p + q] = p.$$

它是一个与 n 无关的常数,所以 $\{a_n\}$ 是等差数列.

由于 $a_n = pn + q = q + p + (n-1)p$,所以首项 $a_1 = p + q$,公差 $d = p$.

说明:根据等差数列 $\{a_n\}$ 的通项公式 $a_n = a_1 + (n-1)d = dn + (a_1 - d)$ 可知: $\{a_n\}$ 为等差数列 $\Longleftrightarrow a_n = pn + q$($p$、$q$ 为常数),此结论可用来判断 $\{a_n\}$ 是否为等差数列,也揭示了等差数列的函数本质.数列是函数知识的延续与深入,是特殊的函数,数列的许多性质可借鉴函数的研究方法来研究,同时也可以运用数列的方法与结论来研究某些特殊的函数.

■ 2. 新课标增加了"理解等差(比)数列的通项公式与前 n 项和公式的关系",对等差(比)数列提出了更高的要求.

例9 数列 $\{a_n\}$ 为等差数列,它的前 n 项和为 S_n,若 $S_n = (n+1)^2 + \lambda$,则 λ 的值是 _____.

解 因为等差数列的前 n 项和 S_n 的形式为 $S_n = An^2 + Bn$,所以 $\lambda = -1$.

例10 在等差数列 $\{a_n\}$ 中,S_n 是其前 n 项和,且 $S_{2011} = S_{2014}$,$S_k = S_{2009}$,则正整数 k 为 _____.

解 等差数列的前 n 项和 S_n 是关于 n 的二次函数,因此由二次函数的对称性及 $S_{2011} = S_{2014}$,$S_k = S_{2009}$,可得 $\dfrac{2011 + 2014}{2} = \dfrac{2009 + k}{2}$,解得 $k = 2016$.

例11 若 $\{a_n\}$ 是等比数列,且前 n 项和为 $S_n = 3^{n-1} + t$,则 $t =$ _____.

解 显然 $q \neq 1$,此时应有 $S_n = A(q^n - 1)$,又因为 $S_n = \dfrac{1}{3} \times 3^n + t$,所以 $t = -\dfrac{1}{3}$.

例12 已知 S_n 是等差数列 $\{a_n\}$ 的前 n 项和,且 $S_n = -2n^2 + 15n$.

(1) 求数列 $\{a_n\}$ 的通项公式;

(2) 当 n 为何值时,S_n 取得最大值,并求其最大值.

解 (1) 由题意可知:$S_n = -2n^2 + 15n$.当 $n = 1$ 时,$a_1 = S_1 = -2 + 15 = 13$.当 $n \geqslant 2$ 时,有

$$a_n = S_n - S_{n-1} = -2n^2 + 15n - [-2(n-1)^2 + 15(n-1)] = 17 - 4n.$$

当 $n=1$ 时,该式显然成立.

所以数列 $\{a_n\}$ 的通项公式为 $a_n=17-4n$, $n \in \mathbf{N}^*$.

(2) $S_n=-2n^2+15n=-2\left(n-\dfrac{15}{4}\right)^2+\dfrac{225}{8}$,因为 $n \in \mathbf{N}^*$,所以当 $n=4$ 时,S_n 取得最大值,最大值为 28.

例 13　已知各项均为正数的数列 $\{a_n\}$ 的前 n 项和为 S_n,且 $a_1=1$, $a_n=\sqrt{S_n}+\sqrt{S_{n-1}}$ ($n \in \mathbf{N}^*$,且 $n \geqslant 2$).

(1) 求数列 $\{a_n\}$ 的通项公式;

(2) 证明:当 $n \geqslant 2$ 时,$\dfrac{1}{a_1}+\dfrac{1}{2a_2}+\dfrac{1}{3a_3}+\cdots+\dfrac{1}{na_n}<\dfrac{3}{2}$.

解　(1) 由 $a_n=\sqrt{S_n}+\sqrt{S_{n-1}}$,得 $S_n-S_{n-1}=\sqrt{S_n}+\sqrt{S_{n-1}}$,即 $\sqrt{S_n}-\sqrt{S_{n-1}}=1$ ($n \geqslant 2$, $n \in \mathbf{N}^*$),所以数列 $\{\sqrt{S_n}\}$ 是以 $\sqrt{S_1}=\sqrt{a_1}=1$ 为首项、1 为公差的等差数列,所以 $\sqrt{S_n}=1+(n-1)\times 1=n$,即 $S_n=n^2$.

当 $n \geqslant 2$ 时,$a_n=S_n-S_{n-1}=2n-1$;当 $n=1$ 时,$a_1=S_1=1$,也满足上式.

所以 $a_n=2n-1$, $n \in \mathbf{N}^*$.

(2) 当 $n \geqslant 2$ 时,有

$$\frac{1}{na_n}=\frac{1}{n(2n-1)}<\frac{1}{n(2n-2)}=\frac{1}{2}\frac{1}{n(n-1)}=\frac{1}{2}\left(\frac{1}{n-1}-\frac{1}{n}\right),$$

所以

$$\frac{1}{a_1}+\frac{1}{2a_2}+\frac{1}{3a_3}+\cdots+\frac{1}{na_n}<1+\frac{1}{2}\left(1-\frac{1}{2}+\frac{1}{2}-\frac{1}{3}+\cdots+\frac{1}{n-1}-\frac{1}{n}\right)$$
$$=\frac{3}{2}-\frac{1}{2n}<\frac{3}{2}.$$

说明:等差数列的通项公式与前 n 项和公式的关系是数列部分的重要内容. 给出 S_n 与 a_n 的递推关系,求 a_n,常用思路是:一是利用 $a_n=S_n-S_{n-1}$ 转化为 a_n 的递推关系,再求 a_n;二是转化为 S_n 的递推关系,先求出 S_n 与 n 之间的关系,再求 a_n. 数列结合二次函数求最值问题,根据 n 的取值范围求最大值是解题的关键. 通过这部分知识的考查,培养学生数学运算和数据分析的素养,促进数学思维发展,形成规范思考问题的品质.

第二节　一元函数导数及其应用

一、教学要求对比

内容	新课标	旧课标	区别
（1）导数概念及其意义	① 通过实例分析,经历由平均变化率过渡到瞬时变化率的过程,了解导数概念的实际背景,知道导数是关于瞬时变化率的数学表达,体会导数的内涵与思想. ② 体会极限思想. ③ 通过函数图象直观理解导数的几何意义.	① 通过对大量实例的分析,经历由平均变化率过渡到瞬时变化率的过程,了解导数概念的实际背景,知道瞬时变化率就是导数,体会导数的思想及其内涵. ② 通过函数图象直观地理解导数的几何意义.	新课标增加了对极限思想的体会,初步感悟极限思想,而旧课标没有涉及.
（2）导数运算	① 能根据导数定义求函数 $y=c$, $y=x$, $y=x^2$, $y=x^3$, $y=\dfrac{1}{x}$, $y=\sqrt{x}$ 的导数. ② 能利用给出的基本初等函数的导数公式和导数的四则运算法则,求简单函数的导数;能求简单的复合函数的导数(限于形如 $f(ax+b)$)的导数. ③ 会使用导数公式表.	①（选修1-1)能根据导数定义,求函数 $y=c$, $y=x$, $y=x^2$, $y=\dfrac{1}{x}$ 的导数. (选修2-2)能根据导数定义求函数 $y=c$, $y=x$, $y=x^2$, $y=x^3$, $y=\dfrac{1}{x}$, $y=\sqrt{x}$ 的导数. ②（选修1-1)能利用给出的基本初等函数的导数公式和导数的四则运算法则求简单函数的导数. (选修2-2)能利用给出的基本初等函数的导数公式和导数的四则运算法则求简单函数的导数,能求简单的复合函数(仅限于形如 $f(ax+b)$)的导数. ③ 会使用导数公式表.	新课标不分文理,对函数 $y=\sqrt{x}$ 要求能根据导数定义求它的导数,对求简单的复合函数的导数有明确规定(仅限于形如 $f(ax+b)$),相当于增加了旧课标中选修1-1的内容,保持旧课标中选修2-2的要求.
（3）导数在研究函数中的应用	① 结合实例,借助几何直观了解函数的单调性与导数的关系;能利用导数研究函数的单调性;对于多项式函数,能求不超过三次的多项式函数的单调区间.	① 结合实例,借助几何直观探索并了解函数的单调性与导数的关系;能利用导数研究函数的单调性,会求不超过三次的多项式函数的单调区间. ②（选修1-1)结合函数的	旧课标明确提出了会利用导数求不超过三次的多项式函数的极大值、极小值,而新课标并没有对函数的类型进行限定,对利用导数研

内容	新课标	旧课标	区别
（3）导数在研究函数中的应用	② 借助函数的图象，了解函数在某点取得极值的必要条件和充分条件；能利用导数求某些函数的极大值、极小值以及给定闭区间上不超过三次的多项式函数的最大值、最小值；体会导数与单调性、极值、最大（小）值的关系。	图象，了解函数在某点取得极值的必要条件和充分条件；会用导数求不超过三次的多项式函数的极大值、极小值，以及闭区间上不超过三次的多项式函数最大值、最小值。 （选修2－2）结合函数的图象，了解函数在某点取得极值的必要条件和充分条件；会用导数求不超过三次的多项式函数的极大值、极小值，以及闭区间上不超过三次的多项式函数最大值、最小值；体会导数方法在研究函数性质中的一般性和有效性。 **生活中的优化问题举例** 例如，通过使利润最大、用料最省、效率最高等优化问题，体会导数在解决实际问题中的作用。	究函数的要求提高了。 新课标删除了在教学上不易操作的部分：对导数方法在研究函数性质中的一般性和有效性的体会的要求。 旧课标为发展数学应用意识提出的生活中的优化问题举例在新课标中删除了，但在新课标学业要求中仍表明能够利用导数解决简单的实际问题。
		定积分与微积分基本定理（选修2－2） ① 通过实例（如求曲边梯形的面积、变力做功等），从问题情境中了解定积分的实际背景；借助几何直观体会定积分的基本思想，初步了解定积分的概念。 ② 通过实例（如变速运动物体在某段时间内的速度与路程的关系），直观了解微积分基本定理的含义。	新课标对定积分内容不作要求，删除了这部分内容。
（4）*微积分的创立与发展	收集、阅读对微积分的创立和发展起重大作用的有关资料，包括一些重要历史人物（牛顿、莱布尼茨、柯西、魏尔斯特拉斯等）和事件，采取独立完成或者小组合作的方式，完成一篇有关微积分创立与发展的研究报告。	**数学文化** 收集有关微积分创立的时代背景和有关人物的资料，并进行交流；体会微积分的建立在人类文化发展中的意义和价值。具体要求见本标准中"数学文化"的要求。	新课标不仅要求收集、阅读有关微积分创立的时代背景和有关人物的资料，还具体到哪些人物，并要求完成研究报告，引导学生感悟数学的文化价值和审美价值。

二、对应题型示例

★ 新课标要求但旧课标不要求

■ 1. 新课标增加了对极限思想的体会,而旧课标没有涉及.引导学生体会"无限趋近"所蕴含的"从量变到质变""近似与准确"的哲学原理,不要急于给出形式化的定义,应努力追求水到渠成的教学效果.

例 1 在一次跳水运动中,某高台跳水运动员相对于水面的高度 h(单位:m)与起跳后的时间 t(单位:s)存在函数关系:$h(t)=-4.9t^2+6.5t+10$.计算运动员在 $t=1$ 时的瞬时速度.

解 当 Δt 取不同值时,计算平均速度 $\bar{v}=\dfrac{h(1+\Delta t)-h(1)}{\Delta t}$ 的值.

下表是在 $t=1$ 附近时间段内平均速度的表格.

当 $\Delta t>0$ 时,在 $[1,\ 1+\Delta t]$ 内,$\bar{v}=\dfrac{h(1+\Delta t)-h(1)}{(1+\Delta t)-1}=-4.9\Delta t-3.3$		当 $\Delta t<0$ 时,在 $[1+\Delta t,\ 1]$ 内,$\bar{v}=\dfrac{h(1)-h(1+\Delta t)}{1-(1+\Delta t)}=-4.9\Delta t-3.3$	
Δt	$\bar{v}$	Δt	$\bar{v}$
0.01	-3.349	-0.01	-3.251
0.001	-3.3049	-0.001	-3.2951
0.0001	-3.30049	-0.0001	-3.29951
0.00001	-3.300049	-0.00001	-3.299951
0.000001	-3.3000049	-0.000001	-3.2999951

让学生在亲自计算的过程中感受逼近的趋势.当 Δt 趋近于 0 时,平均速度 $\bar{v}$ 有怎样的变化趋势? 当 Δt 趋近于 0 时,平均速度趋近于一个确定的值 -3.3.

另一方面,根据物理知识,当 Δt 趋近于 0 时,平均速度趋近于瞬时速度.从而得出,当 $t=1$,Δt 趋近于 0 时,平均速度 $\bar{v}$ 趋于的定值就是 $t=1$ 时的瞬时速度.

借助几何画板,让学生更直观地感受逼近的趋势.观察动画,可以看到更多的 Δt 和 $\bar{v}$ 的值,并且随着 Δt 逐渐趋近于 0,平均速度更加趋近 $t=1$ 时的瞬时速度.尽管如此,通过有限具体的数据只能近似刻画,不能满足我们数学上想要表达的准确刻画瞬时速度的要求.要想准确刻画瞬时速度,需要将有限上升到无限,理想状态下的 Δt 无限趋近于 0 时,平均速度趋于的定值就是 $t=1$ 时的瞬时速度.

说明:对于导数概念的学习,新课标要求学生通过实例,以具体的物理模型和几何模型为起点,舍弃其具体背景,概括其共性,完全抽象为数学问题.旧课标并没有提出对极限的要求,而新课标明确要求学生体会极限的思想,实际教学中要充分重视这一点,不必追求理论上的严密性,不需要严格的研究,只需在探究中感受逼近和极限的思想即可.

■ 2. 能利用导数求某些函数的极大值、极小值,扩大了利用导数研究函数的范围.

例 2　已知函数 $f(x)=\dfrac{\ln x}{x}$,求 $f(x)$ 的极值.

解　$f(x)$ 定义域为 $\{x \mid x>0\}$.

因为 $f(x)=\dfrac{\ln x}{x}$,所以 $f'(x)=\dfrac{1-\ln x}{x^2}$.

令 $f'(x)=0$,解得 $x=\mathrm{e}$,于是可得下表:

x	$(0,\ \mathrm{e})$	e	$(\mathrm{e},\ +\infty)$
$f'(x)$	$+$	0	$-$
$f(x)$	↗	极大值	↘

所以 $f(x)$ 在区间 $(0,\ \mathrm{e})$ 上单调递增,在区间 $(\mathrm{e},\ +\infty)$ 上单调递减.

所以 $f(x)$ 有极大值,极大值为 $f(\mathrm{e})=\dfrac{1}{\mathrm{e}}$,没有极小值.

例 3　已知 $f(x)=\mathrm{e}^x \cdot \cos x$,求函数 $f(x)$ 在 $\left(0,\ \dfrac{\pi}{2}\right)$ 上的极值.

解　$f'(x)=\mathrm{e}^x \cos x-\mathrm{e}^x \sin x=\mathrm{e}^x(\cos x-\sin x)=\sqrt{2}\,\mathrm{e}^x \cos\left(x+\dfrac{\pi}{4}\right)$.

令 $f'(x)=0$,得 $x=k\pi+\dfrac{\pi}{4}$,又 $0<x<\pi$,故 $x=\dfrac{\pi}{4}$.

令 $f'(x)>0$,得 $0<x<\dfrac{\pi}{4}$;令 $f'(x)<0$,得 $\dfrac{\pi}{4}<x<\dfrac{\pi}{2}$.

所以,函数 $y=f(x)$ 在 $\left(0,\ \dfrac{\pi}{4}\right)$ 上单调递增,在 $\left(\dfrac{\pi}{4},\ \dfrac{\pi}{2}\right)$ 上单调递减.

因此 $f(x)_{极大值}=f\left(\dfrac{\pi}{4}\right)=\dfrac{\sqrt{2}}{2}\mathrm{e}^{\frac{\pi}{4}}$,$f(x)$ 没有极小值.

例4 已知 $f(x)=e^x-2ax(a\in\mathbf{R})$，求 $f(x)$ 的极值.

解 $f'(x)=e^x-2a$.

① 若 $a\leqslant0$，显然 $f'(x)>0$，所以 $f(x)$ 在 **R** 上递增，所以 $f(x)$ 没有极值.

② 若 $a>0$，则 $f'(x)<0\Leftrightarrow x<\ln2a$，$f'(x)>0\Leftrightarrow x>\ln2a$，所以 $f(x)$ 在 $(-\infty,\ln2a)$ 上是减函数，在 $(\ln2a,+\infty)$ 上是增函数. 因此 $f(x)$ 在 $x=\ln2a$ 处取得极小值，极小值为 $f(\ln2a)=2a(1-\ln2a)$.

说明：导数是研究函数的单调性、极值（最值）最有效的工具，而函数是高中数学中重要的知识点，利用导数求函数的极值，意在考查学生对这些知识的理解及掌握水平、推理论证能力和分析问题及解决问题的能力.

☆ **旧课标要求但新课标不要求**

■ 1. 旧课标对生活中的优化问题举例有明确要求；而新课标对这部分内容不作要求，删除了该内容.

例5 海报版面尺寸的设计

学校或班级举行活动，通常需要张贴海报进行宣传. 现让你设计一张如图所示的竖向张贴的海报，要求版心面积为 $128\,\text{dm}^2$，上、下两边各空 $2\,\text{dm}$，左、右两边各空 $1\,\text{dm}$. 如何设计海报的尺寸，才能使四周空心面积最小？

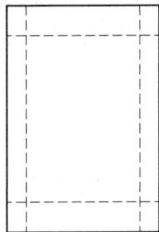

（例5）

解 设版心的高为 $x\,\text{dm}$，则版心的宽为 $\dfrac{128}{x}\,\text{dm}$，此时四周空白面积为

$$S(x)=(x+4)\left(\frac{128}{x}+2\right)-128=2x+\frac{512}{x}+8,\ x>0.$$

对上式求导数，得 $S'(x)=2-\dfrac{512}{x^2}$.

令 $S'(x)=2-\dfrac{512}{x^2}=0$，解得 $x=16(x=-16$ 舍去$)$.

于是宽为 $\dfrac{128}{x}=\dfrac{128}{16}=8\,\text{dm}$.

当 $x\in(0,16)$ 时，$S'(x)<0$；当 $x\in(16,+\infty)$ 时，$S'(x)>0$.

因此，$x=16$ 是函数 $S(x)$ 的极小值点，也是最小值点.

所以，当版心高为 $16\,\text{dm}$、宽为 $8\,\text{dm}$ 时，能使海报四周空白面积最小.

例6 饮料瓶大小对饮料公司利润的影响

你是否注意过,市场上等量的小包装的物品一般比大包装的要贵些?

是不是饮料瓶越大,饮料公司的利润越大?

背景知识:某制造商制造并出售球型瓶装的某种饮料. 瓶子的制造成本是 $0.8\pi r^2$ 分,其中 r 是瓶子的半径(单位:cm). 已知每出售 1 ml 饮料,制造商可获利 0.2 分,且制造商能制作的瓶子的最大半径为 6 cm.

(1) 瓶子的半径为多大时,能使每瓶饮料的利润最小?

(2) 瓶子的半径为多大时,每瓶的利润最大?

解 由于瓶子的半径为 r,所以每瓶饮料的利润是

$$y = f(r) = 0.2 \times \frac{4}{3}\pi r^3 - 0.8\pi r^2 = 0.8\pi\left(\frac{r^3}{3} - r^2\right), \quad 0 < r \leqslant 6.$$

令 $f'(r) = 0.8\pi(r^2 - 2r) = 0$,解得 $r = 2(r = 0$ 舍去$)$.

当 $r \in (0, 2)$ 时,$f'(r) < 0$;当 $r \in (2, 6)$ 时,$f'(r) > 0$.

当半径 $r > 2$ 时,$f'(r) > 0$,它表示 $f(r)$ 单调递增,即半径越大,利润越高;当半径 $r < 2$ 时,$f'(r) < 0$,它表示 $f(r)$ 单调递减,即半径越大,利润越低.

(1) 当半径为 2 cm 时,利润最小,这时 $f(2) < 0$,表示此种瓶内饮料的利润还不够瓶子的成本,此时利润是负值.

(2) 当半径为 6 cm 时,利润最大.

换一个角度:如果我们不用导数工具,直接从函数的图象上观察,会有什么发现?

如图,由图象知:当 $r = 3$ 时,$f(3) = 0$,即瓶子的半径为 3 cm 时,饮料的利润与饮料瓶的成本恰好相等;当 $r > 3$ 时,利润才为正值.

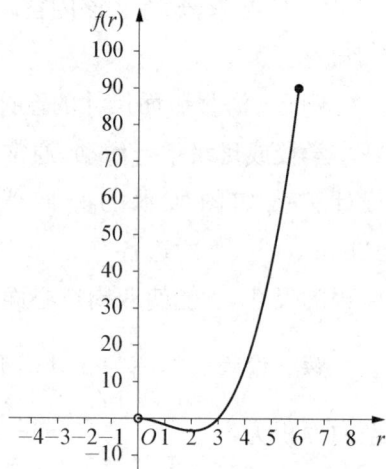

(例6解答)

当 $r \in (0, 2)$ 时,$f'(r) < 0$,$f(r)$ 为减函数,其实际意义为:瓶子的半径小于 2 cm 时,瓶子的半径越大,利润越小;瓶子的半径为 2 cm 时,利润最小.

例7 磁盘的最大存储量问题

计算机把数据存储在磁盘上. 磁盘是带有磁性介质的圆盘,并有操作系统将其格式化成磁道和扇区. 磁道是指不同半径所构成的同心轨道,扇区是指被同心角分割所成的扇形区域. 磁道上的定长弧段可作为基本存储单元,根据其磁化与否可分别记录数据 0 或 1,这个基本单元通常被称为比特(bit).

为了保障磁盘的分辨率,磁道之间的宽度必需大于 m,每比特所占用的磁

道长度不得小于 n. 为了数据检索便利,磁盘格式化时要求所有磁道要具有相同的比特数.

问题:现有一张半径为 R 的磁盘,它的存储区是半径介于 r 与 R 之间的环形区域.

(1) 是不是 r 越小,磁盘的存储量越大?

(2) r 为多少时,磁盘具有最大存储量(最外面的磁道不存储任何信息)?

解 由题意知:存储量=磁道数×每磁道的比特数.

设存储区的半径介于 r 与 R 之间,由于磁道之间的宽度必须大于 m,且最外面的磁道不存储任何信息,故磁道数最多可达 $\dfrac{R-r}{m}$. 由于每条磁道上的比特数相同,为获得最大存储量,最内一条磁道必须装满,即每条磁道上的比特数可达 $\dfrac{2\pi r}{n}$. 所以,磁盘总存储量为

$$f(r)=\frac{R-r}{m}\times\frac{2\pi r}{n}=\frac{2\pi}{mn}r(R-r).$$

(1) 它是一个关于 r 的二次函数,从函数解析式上可以判断,不是 r 越小,磁盘的存储量越大.

(2) 为求 $f(r)$ 的最大值,计算 $f'(r)=0$ 时 r 的值.

$$f'(r)=\frac{2\pi}{mn}(R-2r).$$

令 $f'(r)=0$,解得 $r=\dfrac{R}{2}$.

当 $r<\dfrac{R}{2}$ 时,$f'(r)>0$;当 $r>\dfrac{R}{2}$ 时,$f'(r)<0$.

因此当 $r=\dfrac{R}{2}$ 时,磁盘具有最大存储量,此时最大存储量为 $\dfrac{2\pi R^2}{4mn}$.

说明:旧课标中,生活中的优化问题举例,单独组成一节,在每个问题中还都配有背景知识、问题分析、应用导数解决问题等环节,强化学生运用数学知识解决实际问题的意识. 新课标中,将数学建模和数学探究在必修课程和选择性必修课程中各单列一个主题,通过数学建模活动和数学探究活动,发现和提出有意义的问题,猜想合理的数学结论,提出解决问题的思路和方案,在解决问题的过程中,感受数学的实用价值,实际上是对这部分内容的要求提高了.

2. 旧课标对定积分及微积分基本定理有明确要求;而新课标对这部分内容不作要求,删除了该内容,这主要是因为高中教育是面向大众的教育,相

应的课时减少,因此删除理科的要求,维持文科的内容,但为满足学生不同志趣和发展提供了多样化的课程,把定积分的相关内容放在了选修课程中.

例 8 计算下列定积分:

(1) $\displaystyle\int_1^2 3\mathrm{d}x$;   (2) $\displaystyle\int_0^2 (2x+3)\mathrm{d}x$;

(3) $\displaystyle\int_{-1}^3 (4x-x^2)\mathrm{d}x$;   (4) $\displaystyle\int_1^2 (x-1)^5\mathrm{d}x$.

解 (1) 因为 $(3x)'=3$,所以 $\displaystyle\int_1^2 3\mathrm{d}x=(3x)\big|_1^2=3\times 2-3\times 1=3$.

(2) 因为 $(x^2+3x)'=2x+3$,所以

$$\int_0^2 (2x+3)\mathrm{d}x=(x^2+3x)\big|_0^2=2^2+3\times 2-(0^2+3\times 0)=10.$$

(3) 因为 $\left(2x^2-\dfrac{x^3}{3}\right)'=4x-x^2$,所以

$$\int_{-1}^3 (4x-x^2)\mathrm{d}x=\left(2x^2-\frac{x^3}{3}\right)\Big|_{-1}^3=\left(2\times 3^2-\frac{3^3}{3}\right)-\left[2\times(-1)^2-\frac{-1}{3}\right]=\frac{20}{3}.$$

(4) 因为 $\left[\dfrac{1}{6}(x-1)^6\right]'=(x-1)^5$,所以

$$\int_1^2 (x-1)^5\mathrm{d}x=\frac{1}{6}(x-1)^6\Big|_1^2=\frac{1}{6}(2-1)^6-\frac{1}{6}(1-1)^6=\frac{1}{6}.$$

✸ **新课标和旧课标都要求但要求不同**

■ 由于新课标不分文理,对文科生来说,总课时不变,学分不变,只是调整了课程内容的编排;对理科生来说,总课时减少了,因此在原来文理不同的导数部分,新课标在高考考查内容上比文科稍多,比理科大幅减少,导数在新课标的要求上与旧课标理科的要求基本一致,如新课标对求简单复合函数的导数有明确规定(限于求形如 $f(ax+b)$ 的导数).

例 9 求下列函数的导数:

(1) $y=(2x-1)^4$;   (2) $y=\dfrac{1}{\sqrt{1-2x}}$;

(3) $y=\sin\left(-2x+\dfrac{\pi}{3}\right)$;   (4) $y=10^{2x+3}$.

解　(1) 原函数可看作 $y = u^4$ 和 $u = 2x - 1$ 的复合函数，则

$$y'_x = y'_u \cdot u'_x = (u^4)' \cdot (2x - 1)' = 4u^3 \cdot 2 = 8(2x - 1)^3.$$

(2) $y = \dfrac{1}{\sqrt{1 - 2x}} = (1 - 2x)^{-\frac{1}{2}}$ 可看作 $y = u^{-\frac{1}{2}}$ 和 $u = 1 - 2x$ 的复合函数，则

$$y'_x = y'_u \cdot u'_x = \left(-\frac{1}{2}\right) u^{-\frac{3}{2}} \cdot (-2) = (1 - 2x)^{-\frac{3}{2}} = \frac{1}{(1 - 2x)\sqrt{1 - 2x}}.$$

(3) 原函数可看作 $y = \sin u$ 和 $u = -2x + \dfrac{\pi}{3}$ 的复合函数，则

$$y'_x = y'_u \cdot u'_x = \cos u \cdot (-2) = -2\cos\left(-2x + \frac{\pi}{3}\right) = -2\cos\left(2x - \frac{\pi}{3}\right).$$

(4) 原函数可看作 $y = 10^u$ 和 $u = 2x + 3$ 的复合函数，则

$$y'_x = y'_u \cdot u'_x = 10^{2x+3} \times \ln 10 \times 2 = (\ln 100)10^{2x+3}.$$

主题二　几何与代数

第一节　空间向量与立体几何

一、教学要求对比

内容	新课标	旧课标	区别
(1) 空间直角坐标系	① 在平面直角坐标系的基础上，了解空间直角坐标系，感受建立空间直角坐标系的必要性，会用空间直角坐标系刻画点的位置。 ② 借助特殊长方体（所有棱分别与坐标轴平行）顶点的坐标，探索并得出空间两点间的距离公式.	① 通过具体情境，感受建立空间直角坐标系的必要性，了解空间直角坐标系，会用空间直角坐标系刻画点的位置。 ② 通过表示特殊长方体（所有棱分别与坐标轴平行）顶点的坐标，探索并得出空间两点间的距离公式.	新课标把该内容与空间向量整合到一起，使得内容更具连贯性，逻辑性更强。 新课标强调"在平面直角坐标系的基础上，了解空间直角坐标".

内容	新课标	旧课标	区别
（2）空间向量及其运算	① 经历由平面向量推广到空间向量的过程，了解空间向量的概念. ② 经历由平面向量的运算及其法则推广到空间向量的过程.	① 经历向量及其运算由平面向空间推广的过程.	新课标强调"经历由平面向量的运算及其法则推广到空间向量的过程."
（3）向量基本定理及坐标表示	① 了解空间向量基本定理及其意义，掌握空间向量的正交分解及其坐标表示. ② 掌握空间向量的线性运算及其坐标表示. ③ 掌握空间向量的数量积及其坐标表示. ④ 了解空间向量投影的概念以及投影向量的意义.	② 了解空间向量的概念，了解空间向量的基本定理及其意义，掌握空间向量的正交分解及其坐标表示. ③ 掌握空间向量的线性运算及其坐标表示. ④ 掌握空间向量的数量积及其坐标表示，能运用向量的数量积判断向量的共线与垂直.	新课标增加了"了解空间向量投影的概念以及投影向量的意义". 新课标把"能运用向量的数量积判断向量的共线与垂直"调整到"空间向量的应用"中描述.
（4）空间向量的应用	① 能用向量语言描述直线和平面，理解直线的方向向量与平面的法向量. ② 能用向量语言表述直线与直线、直线与平面、平面与平面的夹角以及垂直与平行关系. ③ 能用向量方法证明必修内容中有关直线、平面位置关系的判定定理. ④ 能用向量方法解决点到直线、点到平面、相互平行的直线、相互平行的平面的距离问题和简单夹角问题，并能描述解决这一类问题的程序，体会向量方法在研究几何问题中的作用.	① 理解直线的方向向量与平面的法向量. ② 能用向量语言表述线线、线面、面面的垂直、平行关系. ③ 能用向量方法证明有关线、面位置关系的一些定理（包括三垂线定理）. ④ 能用向量方法解决线线、线面、面面的夹角的计算问题，体会向量方法在研究几何问题中的作用.	新课标强调"能用向量语言描述直线和平面". 新课标增加了用向量求夹角的内容. 新课标中"能用向量方法证明必修内容中有关直线、平面位置关系的判定定理"强调是判定定理，而相对于旧课标中的"一些定理"，范围有所缩小. 新课标增加了"能用向量方法解决点到直线、点到平面、相互平行的直线、相互平行的平面的距离问题"和"并能描述解决这一类问题的程序"，体现了数学抽象.

二、对应题型示例

★ 新课标要求但旧课标不要求

■ 1. 旧课标把空间直角坐标系的内容放在必修 2 的"直线与圆"之后,在新课标中,该内容与空间向量整合到一起,这样安排后更具连贯性,逻辑性更强,更容易让学生宏观把握.

例 1 (1) 在 z 轴上求一点 M,使得点 M 到点 $A(1,0,2)$ 与点 $B(1,-3,1)$ 的距离相等;

(2) 如图,正方体 $OABC\text{-}D'A'B'C'$ 的棱长为 a,$|AN|=2|CN|$,$|BM|=2|MC'|$,求 MN 的长.

解 (1) 设 z 轴上一点 $M(0,0,z)$,依题意得 $|MA|=|MB|$,即

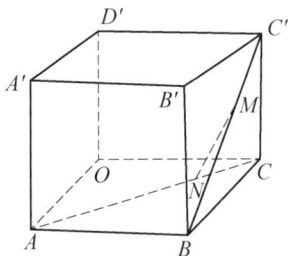

(例 1(2))

$$\sqrt{(1-0)^2+(0-0)^2+(2-z)^2}=\sqrt{(1-0)^2+(-3-0)^2+(1-z)^2},$$

解得 $z=-3$,即 $M(0,0,-3)$.

(2) 如图,建立空间直角坐标系,依题意可知 $A(a,0,0)$,$C(0,a,0)$,设 $N(x,y,0)$,由于 $|AN|=2|CN|$,所以 $\overrightarrow{AN}=2\overrightarrow{NC}$,即 $(x-a,y,0)=2(0-x,a-y,0)$.则 $x-a=-2x$,$y=2(a-y)$,得 $x=\dfrac{1}{3}a$,$y=\dfrac{2}{3}a$,所以得 $N\left(\dfrac{1}{3}a,\dfrac{2}{3}a,0\right)$.

同理,依题意可知 $B(a,a,0)$,$C'(0,a,a)$,设 $M(x,y,z)$,由于 $|BM|=2|MC'|$,所以 $\overrightarrow{BM}=2\overrightarrow{MC'}$,即 $(x-a,y-a,z)=2(0-x,a-y,a-z)$,则 $x-a=-2x$,$y-a=2(a-y)$,$z=2(a-z)$,得 $x=\dfrac{1}{3}a$,$y=a$,$z=\dfrac{2}{3}a$,所以得

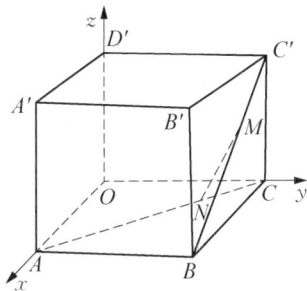

(例 1(2)解答)

$M\left(\dfrac{1}{3}a,a,\dfrac{2}{3}a\right)$.

因此,$|MN|=\sqrt{0^2+\left(\dfrac{1}{3}a\right)^2+\left(\dfrac{2}{3}a\right)^2}=\dfrac{\sqrt{5}}{3}a$.

说明:这部分内容之前在必修 2 中学习,现在放在空间向量内容中,这样安排更具

有连贯性.

■ 2. 新课标增加了"了解空间向量投影的概念以及投影向量的意义",而旧课标对此没有特别要求. 新课标中增加的目的在于理解投影的作用,体会投影是构建高维空间与低维空间联系的桥梁,形成直观想象.

例 2 已知向量 $\vec{a}=(2,-3,0)$, $\vec{b}=(0,3,4)$,则向量 $\vec{a}$ 在向量 $\vec{b}$ 方向上的投影为( ).

A. $-\dfrac{9\sqrt{13}}{13}$ B. $\dfrac{9\sqrt{13}}{13}$ C. $\dfrac{9}{5}$ D. $-\dfrac{9}{5}$

解 由数量积公式知向量 $\vec{a}$ 在向量 $\vec{b}$ 方向上的投影为:$|\vec{a}|\cos\langle\vec{a},\vec{b}\rangle=\dfrac{\vec{a}\cdot\vec{b}}{|\vec{b}|}=\dfrac{0-9+0}{\sqrt{0+3^2+4^2}}=-\dfrac{9}{5}$. 因此选 D.

说明:空间向量中投影的概念可类比平面向量中投影的概念进行理解.

■ 3. 新课标要求"能用向量方法解决点到直线、点到平面、相互平行的直线、相互平行的平面的距离问题和简单夹角问题,并能描述解决这一类问题的程序,体会向量方法在研究几何问题中的作用",增加了"距离问题"和"并能描述解决这一类问题的程序";而旧课标只要求"能用向量方法解决线线、线面、面面的夹角的计算问题,体会向量方法在研究几何问题中的作用",表述上更加具体,并且要求学会解决一类问题的方法,体现数学抽象的核心素养.

例 3 如图,在四棱锥 $P\text{-}ABCD$ 中,$PD\perp$ 底面 $ABCD$,底面 $ABCD$ 为菱形,$PD=DC=a$,PB 与底面 $ABCD$ 所成角为 $45°$.

(1) 求二面角 $D\text{-}PC\text{-}B$ 的余弦值;

(2) 求点 C 到平面 PAB 的距离.

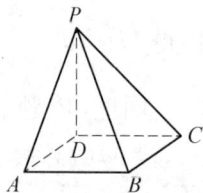

(例 3)

解 (1) 如图,由已知得 $\angle PBD$ 为 PB 与底面 $ABCD$ 所成角,所以 $\angle PBD=45°$,所以由已知得 $BD=PD=AB=BC=DC=a$,取 AB 的中点 E,连结 DE,则 $DE\perp AB$,$DE\perp DC$,$DE=\dfrac{\sqrt{3}}{2}a$. 以 D 为坐标原点,分别以 $\overrightarrow{DE}$、$\overrightarrow{DC}$、$\overrightarrow{DP}$ 的方向为 x 轴、y 轴、z 轴的正方向建立如图所示的空间直角坐标系 $D\text{-}xyz$,则

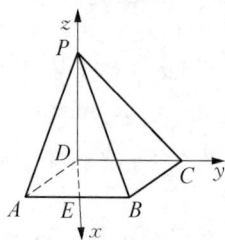

(例 3 解答)

$$D(0,\,0,\,0),\ A\left(\frac{\sqrt{3}}{2}a,\,-\frac{1}{2}a,\,0\right),\ B\left(\frac{\sqrt{3}}{2}a,\,\frac{1}{2}a,\,0\right),$$

$$C(0,\,a,\,0),\ P(0,\,0,\,a),$$

$$\overrightarrow{BC}=\left(-\frac{\sqrt{3}}{2}a,\,\frac{1}{2}a,\,0\right),\ \overrightarrow{BP}=\left(-\frac{\sqrt{3}}{2}a,\,-\frac{1}{2}a,\,a\right).$$

可以求得平面 PBC、平面 PCD 的法向量分别为 $\vec{n}=(\sqrt{3},\,3,\,3)$，$\overrightarrow{DE}=\left(\frac{\sqrt{3}}{2}a,\,0,\,0\right)$.

所以 $\cos\langle\overrightarrow{DE},\,\vec{n}\rangle=\dfrac{\overrightarrow{DE}\cdot\vec{n}}{|\overrightarrow{DE}|\cdot|\vec{n}|}=\dfrac{\sqrt{7}}{7}$，即二面角 $D\text{-}PC\text{-}B$ 的余弦值为 $\dfrac{\sqrt{7}}{7}$.

（2）平面 PAB 的法向量 $\vec{m}=(2,\,0,\,\sqrt{3})$，所以点 C 到平面 PAB 的距离为 $\dfrac{|\vec{m}\cdot\overrightarrow{BC}|}{|\vec{m}|}=\dfrac{\sqrt{21}}{7}a$.

说明：本题考查线面垂直的性质及利用空间向量求解二面角的平面角和点到面的距离，属于基础题．在教学中要总结好解决这些问题的方法，比如如何用向量处理平行问题、垂直问题、距离问题、夹角问题等．

✿ 新课标和旧课标都要求但要求不同

■ 新课标中"能用向量方法证明必修内容中有关直线、平面位置关系的判定定理"强调的是判定定理，而旧课标中强调的是一些定理（包括三垂线定理），要求的范围有所缩小．

例 4 如图，在四棱锥 $P\text{-}ABCD$ 中，底面 $ABCD$ 是正方形，侧棱 $PD\perp$ 底面 $ABCD$，$PD=DC$，点 E 是 PC 的中点，作 $EF\perp PB$ 交 PB 于点 F.

（1）求证：PA // 平面 EDB；

（2）求证：$PB\perp$ 平面 EFD；

（3）求二面角 $C\text{-}PB\text{-}D$ 的大小．

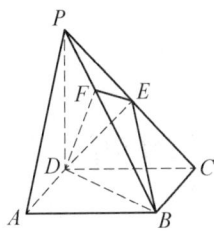

（例 4）

解 建立如图所示的空间直角坐标系，点 D 为坐标原点，设 $DC=1$.

（1）证明：连结 AC，交 BD 于点 G，连结 EG，依题意得 $A(1,\,0,\,0)$，$P(0,\,0,\,1)$，$E\left(0,\,\frac{1}{2},\,\frac{1}{2}\right)$. 因为底面 $ABCD$ 是正方形，所以点 G 是此正方形

的中心,故点 G 的坐标为 $\left(\dfrac{1}{2},\ \dfrac{1}{2},\ 0\right)$,且 $\overrightarrow{PA}=(1,\ 0,$

$-1)$,$\overrightarrow{EG}=\left(\dfrac{1}{2},\ 0,\ -\dfrac{1}{2}\right)$,所以 $\overrightarrow{PA}=2\overrightarrow{EG}$,即 $PA /\!/$

EG,而 $EG \subset$ 平面 EDB,且 $PA \not\subset$ 平面 EDB,因此 $PA /\!/$ 平面 EDB.

(2) 证明:依题意得 $B(1,\ 1,\ 0)$,$\overrightarrow{PB}=(1,\ 1,$

$-1)$,又因为 $\overrightarrow{DE}=\left(0,\ \dfrac{1}{2},\ \dfrac{1}{2}\right)$,所以 $\overrightarrow{PB}\cdot\overrightarrow{DE}=0+\dfrac{1}{2}+$

$\dfrac{1}{2}=0$,所以 $PB \perp DE$,又因为 $PB \perp EF$ 且 $EF \cap DE=E$,所以 $PB \perp$ 平面 EFD.

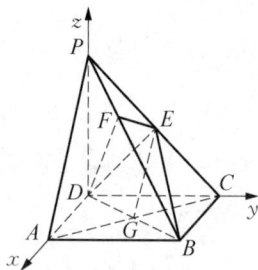

(例 4 解答)

(3) 已知 $PB \perp EF$,由(2)得 $PB \perp DF$,故 $\angle EFD$ 是二面角 $C-PB-D$ 的平面角.设点 F 的坐标为 $(x,\ y,\ z)$,则 $\overrightarrow{PF}=(x,\ y,\ z-1)$.设 $PF=kPB$,则 $\overrightarrow{PF}=k(1,\ 1,\ -1)=(k,\ k,\ -k)$,即 $x=k$,$y=k$,$z=1-k$,因为 $\overrightarrow{PB}\cdot\overrightarrow{DF}=0$,所以

$$(1,\ 1,\ -1)\cdot(k,\ k,\ 1-k)=k+k+k-1=3k-1=0,$$

所以 $k=\dfrac{1}{3}$,点 F 的坐标为 $\left(\dfrac{1}{3},\ \dfrac{1}{3},\ \dfrac{2}{3}\right)$,又因为点 E 的坐标为 $\left(0,\ \dfrac{1}{2},\ \dfrac{1}{2}\right)$,所

以 $\overrightarrow{EF}=\left(-\dfrac{1}{3},\ \dfrac{1}{6},\ -\dfrac{1}{6}\right)$.因为

$$\cos\angle EFD=\dfrac{\overrightarrow{FE}\cdot\overrightarrow{FD}}{|\overrightarrow{FE}|\cdot|\overrightarrow{FD}|}$$

$$=\dfrac{\left(-\dfrac{1}{3},\ \dfrac{1}{6},\ -\dfrac{1}{6}\right)\cdot\left(-\dfrac{1}{3},\ -\dfrac{1}{3},\ -\dfrac{2}{3}\right)}{\dfrac{\sqrt{6}}{6}\cdot\dfrac{\sqrt{6}}{6}}=\dfrac{\dfrac{1}{6}}{\dfrac{1}{3}}=\dfrac{1}{2},$$

而 $\angle EFD\in[0°,\ 180°]$,所以 $\angle EFD=60°$,即二面角 $C-PB-D$ 的大小为 $60°$.

说明:本题涉及的问题包括判定直线与平面平行和垂直、计算二面角的大小.这些问题都可以利用向量方法解决.由于已知条件中四棱锥的底面是正方形,一条侧棱垂直于底面,所以非常适合建立空间直角坐标系表示向量.

例 5 如图,四边形 $ABCD$ 为正方形,E、F 分别为 AD、BC 的中点,以 DF 为折痕把 $\triangle DFC$ 折起,使点 C 到达点 P 的位置,且 $PF \perp BF$.

(1) 求证:平面 $PEF \perp$ 平面 $ABFD$;

(2) 求 DP 与平面 $ABFD$ 所成角的正弦值.

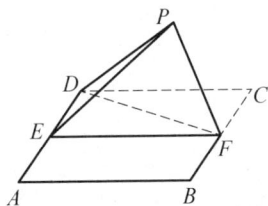

(例5)

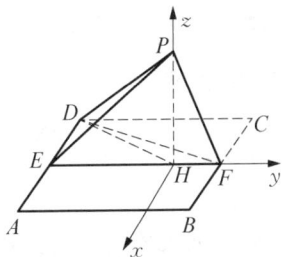

(例5(2)解答)

解 (1) 由已知可得 $BF \perp PF$，$BF \perp EF$，$PF \cap EF = F$，所以 $BF \perp$ 平面 PEF，由 $BF \subset$ 平面 $ABFD$，所以平面 $PEF \perp$ 平面 $ABFD$.

(2) 方法 1：作 $PH \perp EF$，垂足为点 H，由(1)得，$PH \perp$ 平面 $ABFD$. 以 H 为坐标原点、$\overrightarrow{HF}$ 的方向为 y 轴正方向、$|\overrightarrow{BF}|$ 为单位长度，建立如图所示的空间直角坐标系 $H-xyz$.

由(1)可得 $DE \perp PE$，又因为 $DP = 2$，$DE = 1$，所以 $PE = \sqrt{3}$，又因为 $PF = 1$，$EF = 2$，所以 $PE \perp PF$，可得 $PH = \dfrac{\sqrt{3}}{2}$，$EH = \dfrac{3}{2}$，则 $H(0,\ 0,\ 0)$，$P\left(0,\ 0,\ \dfrac{\sqrt{3}}{2}\right)$，$D\left(-1,\ -\dfrac{3}{2},\ 0\right)$，$\overrightarrow{DP} = \left(1,\ \dfrac{3}{2},\ \dfrac{\sqrt{3}}{2}\right)$，平面 $ABFD$ 的法向量为 $\overrightarrow{HP} = \left(0,\ 0,\ \dfrac{\sqrt{3}}{2}\right)$，设 DP 与平面 $ABFD$ 所成的角为 θ，则 $\sin\theta = \left| \dfrac{\overrightarrow{HP} \cdot \overrightarrow{DP}}{|\overrightarrow{HP}| \cdot |\overrightarrow{DP}|} \right| = \dfrac{\sqrt{3}}{4}$，所以 DP 与平面 $ABFD$ 所成角的正弦值为 $\dfrac{\sqrt{3}}{4}$.

方法 2：作 $PH \perp EF$，垂足为点 H，由(1)得，$PH \perp$ 平面 $ABFD$，所以 $\angle PDH$ 即为 DP 与平面 $ABFD$ 所成的角. 因为 E、F 分别为 AD、BC 的中点，可得 $DE \perp PF$，又因为 $PD = 2$，$DE = 1$，所以 $PE = \sqrt{3}$，又因为 $PF = 1$，$EF = 2$，可得 $PH = \dfrac{\sqrt{3}}{2}$，所以 $\sin\angle PDH = \dfrac{PH}{PD} = \dfrac{\frac{\sqrt{3}}{2}}{2} = \dfrac{\sqrt{3}}{4}$，即 DP 与平面 $ABFD$ 所成角的正弦值为 $\dfrac{\sqrt{3}}{4}$.

方法 3：过点 P 作 $PH \perp EF$ 于点 H，连结 DH，由于 EF 为平面 $ABCD$ 和平面 PEF 的交线，$PH \perp EF$，则 $PH \perp$ 平面 $ABFD$，故 $PH \perp DH$. 在三棱锥 $P-DEF$ 中，可以利用等体积法求 PH，因为 $DE /\!/ BF$ 且 $PF \perp BF$，所以 $PF \perp DE$，又因为 $\triangle PDF \cong \triangle CDF$，所以 $\angle FPD = \angle FCD = 90°$，所以 $PF \perp PD$，由于 $DE \cap PD = D$，则 $PF \perp$ 平面 PDE，故 $V_{F-PDE} = \dfrac{1}{3} PF \cdot S_{\triangle PDE}$.

因为 $BF /\!/ DA$ 且 $BF \perp$ 平面 PEF，所以 $DA \perp$ 面 PEF，所以 $DE \perp EP$.

设正方形的边长为 $2a$，则 $PD = 2a$，$DE = a$. 在 $\triangle PDE$ 中，$PE = \sqrt{3}\,a$，所以 $S_{\triangle PDE} = \dfrac{\sqrt{3}}{2}a^2$，故 $V_{F-PDE} = \dfrac{\sqrt{3}}{6}a^3$，又因为 $S_{\triangle DEF} = \dfrac{1}{2}a \cdot 2a = a^2$，所以 $PH = \dfrac{3V_{F-PDE}}{a^2} = \dfrac{\sqrt{3}}{2}a$，所以在 $\triangle PHD$ 中，$\sin \angle PDH = \dfrac{PH}{PD} = \dfrac{\sqrt{3}}{4}$，即 DP 与平面 $ABFD$ 所成角的正弦值为 $\dfrac{\sqrt{3}}{4}$.

说明：用向量解决空间立体几何的步骤可以如以下框图所示进行.

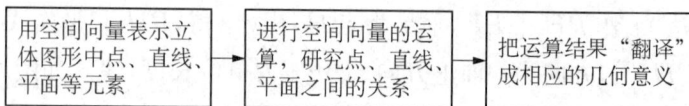

用空间向量表示立体图形中点、直线、平面等元素 → 进行空间向量的运算，研究点、直线、平面之间的关系 → 把运算结果"翻译"成相应的几何意义

第二节 平面解析几何

一、教学要求对比

内容	新课标	旧课标	区别
（1）直线与方程	① 在平面直角坐标系中，结合具体图形,探索确定直线位置的几何要素. ② 理解直线的倾斜角和斜率的概念,经历用代数方法刻画直线斜率的过程,掌握过两点的直线斜率的计算公式. ③ 能根据斜率判定两条直线平行或垂直. ④ 根据确定直线位置的几何要素,探索并掌握直线方程的几种形式(点斜式、两点式及一般式). ⑤ 能用解方程组的方法求两条直线的交点坐标.	① 在平面直角坐标系中，结合具体图形,探索确定直线位置的几何要素. ② 理解直线的倾斜角和斜率的概念,经历用代数方法刻画直线斜率的过程,掌握过两点的直线斜率的计算公式. ③ 能根据斜率判定两条直线平行或垂直. ④ 根据确定直线位置的几何要素,探索并掌握直线方程的几种形式(点斜式、两点式及一般式),体会斜截式与一次函数的关系. ⑤ 能用解方程组的方法求两直线的交点坐标.	新课标删除了"体会斜截式与一次函数的关系". 新课标明确了"掌握平面上两点间的距离公式".

内容	新课标	旧课标	区别
（1）直线与方程	⑥ 探索并掌握平面上两点间的距离公式、点到直线的距离公式,求两条平行直线间的距离.	⑥ 探索并掌握两点间的距离公式、点到直线的距离公式,会求两条平行直线间的距离.	
（2）圆与方程	① 回顾确定圆的几何要素,在平面直角坐标系中,探索并掌握圆的标准方程与一般方程. ② 能根据给定直线、圆的方程,判断直线与圆、圆与圆的位置关系. ③ 能用直线和圆的方程解决一些简单的数学问题与实际问题.	① 回顾确定圆的几何要素,在平面直角坐标系中,探索并掌握圆的标准方程与一般方程. ② 能根据给定直线、圆的方程,判断直线与圆、圆与圆的位置关系. ③ 能用直线和圆的方程解决一些简单的问题.	新课标增加了能解决一些"实际问题".
		在平面解析几何初步的学习过程中,体会用代数方法处理几何问题的思想.	新课标对知识内容的整合,用代数方法研究几何问题,体现数形结合思想是本章内容的核心,这种思想应贯穿该内容教学的始终,不作单独要求.
（3）圆锥曲线与方程	① 了解圆锥曲线的实际背景,感受圆锥曲线在刻画现实世界和解决实际问题中的作用. ② 经历从具体情境中抽象出椭圆的过程,掌握椭圆的定义、标准方程及简单几何性质.	①【文】了解圆锥曲线的实际背景,感受圆锥曲线在刻画现实世界和解决实际问题中的作用. 【理】了解圆锥曲线的实际背景,感受圆锥曲线在刻画现实世界和解决实际问题中的作用. ②【文】经历从具体情境中抽象出椭圆模型的过程,掌握椭圆的定义、标准方程及简单几何性质. 【理】经历从具体情境中抽象出椭圆、抛物线模型的过程,掌握它们的定义、标准方程、几何图形及简单性质.	新课标的要求不再像旧课标有文(选修 1-1)、理(选修 2-1)之分. 新课标的要求与旧课标中文科数学的要求一致. 旧课标理科数学对抛物线的要求比文科数学高,而新课标将其要求改为了解,表明比旧课标理科数学的难度有所降低.

内容	新课标	旧课标	区别
（3）圆锥曲线与方程	③ 了解抛物线与双曲线的定义、几何图形和标准方程,以及它们的简单几何性质. ④ 通过圆锥曲线与方程的学习,进一步体会数形结合的思想. ⑤ 了解椭圆、抛物线的简单应用.	③【文】了解抛物线、双曲线的定义、几何图形和标准方程,知道它们的简单几何性质. 【理】了解双曲线的定义、几何图形和标准方程,知道双曲线的有关性质. ④【文】通过圆锥曲线与方程的学习,进一步体会数形结合的思想. 【理】能用坐标法解决一些与圆锥曲线有关的简单几何问题(直线与圆锥曲线的位置关系)和实际问题. ⑤【文】了解圆锥曲线的简单应用. 【理】通过圆锥曲线的学习,进一步体会数形结合的思想.	旧课标理科数学对"能用坐标法解决一些与圆锥曲线有关的简单几何问题(直线与圆锥曲线的位置关系)和实际问题"也降低为"了解椭圆、抛物线的简单应用".
（4）* 平面解析几何的形成与发展	收集、阅读平面解析几何的形成与发展的历史资料,撰写小论文,论述平面解析几何发展的过程、重要结果、主要人物、关键事件及其对人类文明的贡献.		新课标增加了"平面解析几何的形成与发展",引导学生感悟数学的文化价值.
		【理】曲线与方程 结合已学过的曲线及其方程的实例,了解曲线与方程的对应关系,进一步感受数形结合的基本思想.	新课标删除了"曲线与方程"相关内容.

二、对应题型示例

☆　旧课标要求但新课标不要求

■　1. 新课标要求"根据确定直线位置的几何要素,探索并掌握直线方程的几种形式(点斜式、两点式及一般式)";而旧课标要求"根据确定直线位置的几何要素,探索并掌握直线方程的几种形式(点斜式、两点式及一般式),体会斜截式与一次函数的关系".新课标中删除了"体会斜截式与一次函数的关系".

例 1　方程 $y=kx+b$ 与我们学过的一次函数的表达式类似. 我们知道,一次函数的图象是一条直线. 你如何从直线方程的角度认识一次函数 $y=kx+b$? 一次函数中 k 和 b 的几何意义是什么? 你能说出一次函数 $y=2x-1$、$y=3x$ 和 $y=-x+3$ 的图象特点吗?

解　一次函数 $y=kx+b$ 可以看成一条直线的方程. 这条直线的斜率为 k,在 y 轴上的截距为 b,一次函数 $y=2x-1$、$y=3x$ 和 $y=-x+3$ 的图象都是直线,它们的斜率分别为 2、3、-1,在 y 轴上的截距分别为 -1、0、3.

说明:关于一次函数问题在初中已经涉及了.

■　2. 曲线与方程的关系是点与坐标关系的必然结果,是数形统一性表现的典型,这种关系贯穿解析几何的始终,旧课标理科数学在曲线与方程的内容安排上,注重使学生体会曲线与方程的对应关系,感受数形结合的思想,新课标不分文理,对该内容不作要求.

例 2　证明:与两条坐标轴的距离之积是常数 $k(k>0)$ 的点的轨迹方程是 $xy=\pm k$.

证明　(i) 设 $M(x_0,y_0)$ 是轨迹上的任意一点,因为点 M 与 x 轴的距离为 $|y_0|$,与 y 轴的距离为 $|x_0|$,所以 $|x_0|\cdot|y_0|=k$,即 (x_0,y_0) 是方程 $xy=\pm k$ 的解.

(ii) 设点 M_1 的坐标 (x_1,y_1) 是方程 $xy=\pm k$ 的解,那么 $x_1y_1=\pm k$,即 $|x_1|\cdot|y_1|=k$. 而 $|x_1|$、$|y_1|$ 正是点 M_1 到 x 轴、y 轴的距离,因此点 M_1 到两条直线的距离的积是常数 k,点 M_1 是曲线上的点.

由(i)(ii)可知,$xy=\pm k$ 是与两条坐标轴的距离之积是常数 $k(k>0)$ 的点的轨迹方程.

例 3　设 A、B 两点的坐标分别是 $(-1,-1)$、$(3,7)$,求线段 AB 的垂直平分线的方程.

解　如图,设 $M(x,y)$ 是线段 AB 的垂直平分线上任意一点,即点 M 属于集合 $P=\{M\mid|MA|=|MB|\}$.

由两点间的距离公式,点 M 所适合条件可表示为:

$$\sqrt{(x+1)^2+(y+1)^2}=\sqrt{(x-3)^2+(y-7)^2},$$

将上式两边平方，整理得 $x+2y-7=0$　①．

我们证明方程①是线段 AB 的垂直平分线的方程．

(i) 由求方程的过程可知，垂直平分线上每一点的坐标都是方程①的解．

(ii) 设点 M_1 的坐标 $(x_1,\ y_1)$ 是方程①的解，即 $x_1+2y_1-7=0$，$x_1=7-2y_1$，点 M_1 到 A、B 的距离分别是

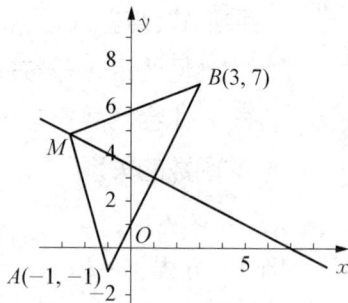

（例3解答）

$$|M_1A|=\sqrt{(x_1+1)^2+(y_1+1)^2}$$
$$=\sqrt{(8-2y_1)^2+(y_1+1)^2}=\sqrt{5(y_1^2-6y_1+13)};$$

$$|M_1B|=\sqrt{(x_1-3)^2+(y_1-7)^2}$$
$$=\sqrt{(4-2y_1)^2+(y_1-7)^2}=\sqrt{5(y_1^2-6y_1+13)},$$

所以 $|M_1A|=|M_1B|$，即点 M_1 在线段 AB 的垂直平分线上．

由(i)(ii)可知，方程①是线段 AB 的垂直平分线的方程．

例4 已知一条曲线在 x 轴的上方，它上面的每一点到点 $A(0,2)$ 的距离减去它到 x 轴的距离的差都是2，求这条曲线的方程．

解 如图，设点 $M(x,\ y)$ 是曲线上任意一点，$MB\perp x$ 轴，垂足是点 B，那么点 M 属于集合 $P=\{M\mid |MA|-|MB|=2\}$．

由距离公式，点 M 适合的条件可表示为：

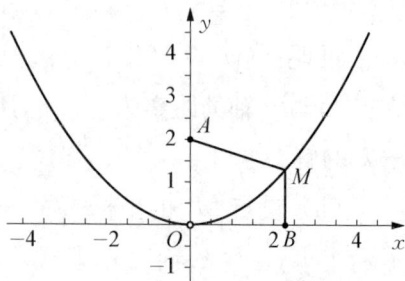

$$\sqrt{x^2+(y-2)^2}-y=2　①．$$

将①式移项后再两边平方，得 $x^2+(y-2)^2=(y+2)^2$，化简得 $y=\dfrac{1}{8}x^2$．因为

（例4解答）

曲线在 x 轴的上方，所以 $y>0$，虽然原点 O 的坐标 $(0,0)$ 是这个方程的解，但不属于已知曲线，所以这条曲线的方程是 $y=\dfrac{1}{8}x^2\ (x\neq 0)$．

说明：求曲线（图形）的方程，一般有下面几个步骤：

(1) 建立适当的坐标系，用有序实数对 $(x,\ y)$ 表示曲线上任意一点 M 的坐标；

(2) 写出适合条件 P 的点 M 的集合 $P=\{M\mid P(M)\}$；

(3) 用坐标表示条件 $P(M)$，列出方程 $f(x，y)=0$；

(4) 化方程 $f(x，y)=0$ 为最简形式；

(5) 证明以化简后的方程的解为坐标的点都是曲线上的点.

一般情况下，化简前后方程的解集是相同的，步骤(5)可以省略不写，如有特殊情况，可适当予以说明.另外，根据情况，也可以省略步骤(2)，直接列出曲线方程.

✹ 新课标和旧课标都要求但要求不同

■ 1. 新课标要求"能用直线和圆的方程解决一些简单的数学问题与实际问题"；而旧课标只要求"能用直线和圆的方程解决一些简单的问题".新课标要求更高，要求能解决一些实际问题，更注重与实际生活相结合.

例 5　如图是某圆拱形桥一孔圆拱的示意图，这个圆拱跨度 $AB=20\,\mathrm{m}$，拱高 $OP=4\,\mathrm{m}$，建造时每间隔 $4\,\mathrm{m}$ 需要用一根支柱支撑，求支柱 A_2P_2 的高度.（结果精确到 $0.01\,\mathrm{m}$）

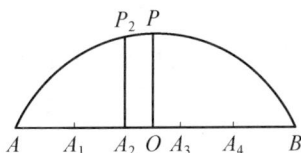

（例 5）

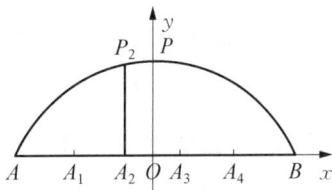

（例 5 解答）

解　建立如图所示的直角坐标系，使圆心在 y 轴上.设圆心的坐标是 $(0，b)$，圆的半径是 r，那么圆的方程是 $x^2+(y-b)^2=r^2$.下面确定 b 和 r 的值.

因为点 P、B 都在圆上，所以它们的坐标 $(0，4)$、$(10，0)$ 都满足方程 $x^2+(y-b)^2=r^2$.

于是得到方程组 $\begin{cases}0^2+(4-b)^2=r^2，\\10^2+(0-b)^2=r^2，\end{cases}$ 解得 $b=-10.5$，$r^2=14.5^2$.

所以圆的方程是 $x^2+(y+10.5)^2=14.5^2$，把点 P_2 的横坐标 $x=-2$ 代入圆的方程，得 $(-2)^2+(y+10.5)^2=14.5^2$，即 $y+10.5=\sqrt{14.5^2-(-2)^2}$（$P_2$ 的纵坐标 $y>0$，平方根取正值），所以 $y=\sqrt{14.5^2-(-2)^2}-10.5\approx14.36-10.5=3.86\,(\mathrm{m})$.所以支柱 A_2P_2 的高度约为 $3.86\,\mathrm{m}$.

例6 一个小岛的周围有环岛暗礁,暗礁分布在以小岛的中心为圆心、半径为 30 km 的圆形区域.已知小岛中心位于轮船正西 70 km 处,港口位于小岛中心正北 40 km 处.如果轮船沿直线返港,那么它是否会有触礁危险?

解 以台风中心为原点 O、东西方向为 x 轴,建立如图所示的直角坐标系,其中取 10 km 为单位长度,这样受台风影响的圆形区域所对应的圆 O 的方程为 $x^2+y^2=9$.轮船航线 AB 所在直线 l 的方程为 $4x+7y-28=0$,问题归结为圆 O 与直线 l 有无公共点.

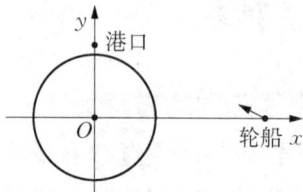

(例 6 解答)

点 O 到直线 l 的距离 $d=\dfrac{|0+0-28|}{\sqrt{65}}=\dfrac{28}{\sqrt{65}}\approx 3.5$,圆 O 的半径长 $r=3$.因为 $3.5>3$,所以这艘轮船不会有触礁危险.

例7 一条光线从点 $A(-2,3)$ 射出,经 x 轴反射后,与圆 C:$(x-3)^2+(y-2)^2=1$ 相切,求反射光线所在直线的方程.

解 如图,根据光的反射原理,作与点 $A(-2,3)$ 关于 x 轴对称的点 $A'(-2,-3)$.从点 A 发出的光线经 x 轴反射后,反射光线所在的直线就是直线 $A'E$ 或 $A'F$,也就是由点 A' 向圆 C 所作的切线 l.

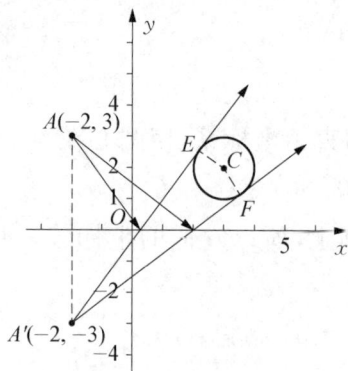

(例 7 解答)

设切线 l 的方程为 $y+3=k(x+2)$,即 $kx-y+2k-3=0$.圆心为 C 的圆的半径长是 1,根据圆心 C 到直线 l 的距离等于半径,得 $\dfrac{|3k-2+2k-3|}{\sqrt{1+k^2}}=$

1,解得 $k_1 = \dfrac{4}{3}$ 或 $k_2 = \dfrac{3}{4}$. 所以, 反射光线所在直线的方程为

$$y + 3 = \frac{4}{3}(x + 2) \text{ 或 } y + 3 = \frac{3}{4}(x + 2),$$

写成一般式是 $4x - 3y - 1 = 0$ 或 $3x - 4y - 6 = 0$.

说明: 以上例题的解答, 根据具体问题情境的特点, 建立平面直角坐标系, 把实际问题转化为数学问题, 根据几何问题和图形的特点, 用代数语言把几何问题转化为代数问题, 根据对几何问题(图形)的分析, 探索解决问题的思路, 运用代数方法得到结论, 给出代数结论合理的几何解释, 解决有关的数学问题以及实际问题. 由此可见, 新课标要求更具体, 且强调让学生有意识地用数学语言表达现实世界, 用数学模型解决实际问题, 感悟数学与现实之间的关联, 积累数学实践经验.

■ 2. 对旧课标理科数学中"能用坐标法解决一些与圆锥曲线有关的简单几何问题(直线与圆锥曲线的位置关系)和实际问题", 新课标的要求也降低为"了解椭圆、抛物线的简单应用".

例8 如图, 一种电影放映灯泡反射镜面是旋转椭圆面(椭圆绕其对称轴旋转一周形成的曲面)的一部分, 过对称轴的截口 BAC 是椭圆的一部分, 灯丝位于椭圆的一个焦点 F_1 上, 片门位于另一个焦点 F_2 上, 由椭圆一个焦点 F_1 发出的光线, 经过旋转椭圆面反射后集中到另一个焦点 F_2 上. 已知 $BC \perp F_1F_2$, $|F_1B| = 2.8\ \text{cm}$, $|F_1F_2| = 4.5\ \text{cm}$. 试建立适当的坐标系, 求截口 BAC 所在椭圆的方程. (过程中的数据精确到 0.1 cm)

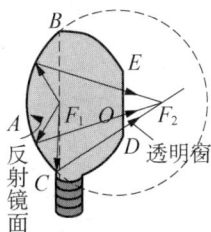

(例8)

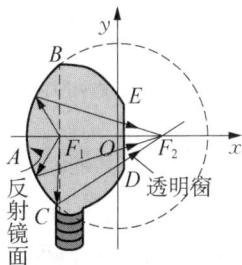

(例8解答)

解 建立如图所示的直角坐标系, 设所求椭圆的方程为 $\dfrac{x^2}{a^2} + \dfrac{y^2}{b^2} = 1$.

在 $\text{Rt}\triangle BF_1F_2$ 中, $|F_2B| = \sqrt{|F_1B|^2 + |F_1F_2|^2} = \sqrt{2.8^2 + 4.5^2}$.

由椭圆的定义, 知 $|F_1B| + |F_2B| = 2a$, 所以

107

$$a = \frac{1}{2}(\mid F_1 B \mid + \mid F_2 B \mid) = \frac{1}{2}(2.8 + \sqrt{2.8^2 + 4.5^2}) \approx 4.1,$$

$$b = \sqrt{a^2 - c^2} = \sqrt{4.1^2 - 2.25^2} \approx 3.4.$$

所以,所求的椭圆方程为 $\dfrac{x^2}{4.1^2} + \dfrac{y^2}{3.4^2} = 1$.

3. 旧课标理科数学对抛物线的要求比文科数学高,而新课标将其要求改为"了解",表明比旧课标理科数学的难度有所降低.

例 9　过抛物线焦点 F 的直线交抛物线于 A、B 两点,通过点 A 和抛物线的顶点的直线交抛物线的准线于点 D,求证:直线 DB 平行于抛物线的对称轴.

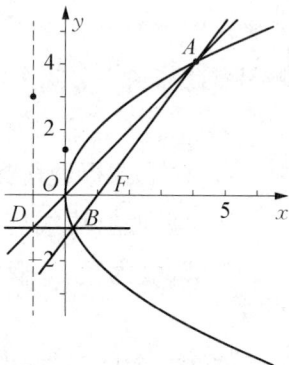

(例 9 解答)

证明　如图,以抛物线的对称轴为 x 轴,以它的顶点为原点,建立直角坐标系.

设抛物线的方程为 $y^2 = 2px$　①,点 A 的坐标为 $\left(\dfrac{y_0^2}{2p},\ y_0\right)$,则直线 OA 的方程为 $y = \dfrac{2p}{y_0}x$,$y_0 \neq 0$　②,抛物线的准线方程为 $x = -\dfrac{p}{2}$　③.

联立②③,可得点 D 的纵坐标为 $y = -\dfrac{p^2}{y_0}$　④.

因为点 F 的坐标是 $\left(\dfrac{p}{2},\ 0\right)$,所以直线 AF 的方程为 $y = \dfrac{2py_0}{y_0^2 - p^2}\left(x - \dfrac{p}{2}\right)$,其中 $y_0^2 \neq p^2$　⑤.

联立①⑤,可得点 B 的纵坐标为 $y = -\dfrac{p^2}{y_0}$　⑥.

由④⑥可知,$DB \parallel x$ 轴.

当 $y_0^2 = p^2$ 时,结论是然成立.

所以直线 DB 平行于抛物线的对称轴.

说明:用坐标法证明,即通过建立抛物线及直线的方程,借助方程研究直线 DB 与抛物线对称轴之间的位置关系.建立如图所示的直角坐标系,只要证明点 D 的纵坐标与点 B 的纵坐标相等即可.

主题三 概率与统计

第一节 计数原理

一、教学要求对比

内容	新课标	旧课标	区别
(1) 两个基本计数原理	通过实例,了解分类加法计数原理、分步乘法计数原理及其意义.	通过实例,总结出分类加法计数原理、分步乘法计数原理;能根据具体问题的特征,选择分类加法计数原理或分步乘法计数原理解决一些简单的实际问题.	旧课标强调通过实例,总结计数原理的认知过程,并能应用两个基本计数原理解决一些简单的实际问题. 新课标仅要求"了解"两个基本计数原理及其意义.
(2) 排列与组合	通过实例,理解排列、组合的概念;能利用计数原理推导排列数公式、组合数公式.	通过实例,理解排列、组合的概念;能利用计数原理推导排列数公式、组合数公式,并能解决简单的实际问题.	新课标删除了"能解决简单的实际问题".
(3) 二项式定理	能用多项式运算法则和计数原理证明二项式定理,会用二项式定理解决与二项展开式有关的简单问题.	能用计数原理证明二项式定理;会用二项式定理解决与二项展开式有关的简单问题.	对于二项式定理的证明,新课标相对于旧课标增加了"多项式运算法则",证明方法总结得更加全面.

二、对应题型示例

★ 新课标要求但旧课标不要求

■ 在对二项式定理的证明上,新课标较旧课标增加了"多项式运算法则",证明方法总结得更加全面.

例 1 （1）我们在初中学习了 $(a+b)^2=a^2+2ab+b^2$,试用多项式的乘法

推导 $(a+b)^3$、$(a+b)^4$ 的展开式.

(2) 你能用组合的观点说明 $(a+b)^4$ 是如何展开的吗?

(3) 你能用类比方法写出 $(a+b)^n$, $n \in \mathbf{N}^*$ 的展开式吗?

解 (1) $(a+b)^3 = a^3 + 3a^2b + 3ab^2 + b^3$,

$(a+b)^4 = a^4 + 4a^3b + 6a^2b^2 + 4ab^3 + b^4$.

(2) $(a+b)^4 = (a+b)(a+b)(a+b)(a+b)$. 由多项式的乘法法则知,从每个 $(a+b)$ 中选 a 或选 b 相乘即得展开式中的一项. 若都选 a,则得 $C_4^0 a^4 b^0$;若从一个中选 b,其余三个中选 a,则得 $C_4^1 a^3 b^1$;若从两个中选 b,其余两个中选 a,则得 $C_4^2 a^2 b^2$;若从三个中选 b,其余一个中选 a,则得 $C_4^3 a^1 b^3$;若都选 b,则得 $C_4^4 a^0 b^4$. 因此可得,$(a+b)^4 = C_4^0 a^4 + C_4^1 a^3 b + C_4^2 a^2 b^2 + C_4^3 a b^3 + C_4^4 b^4$.

(3) 能,$(a+b)^n = C_n^0 a^n + C_n^1 a^{n-1} b + \cdots + C_n^k a^{n-k} b^k + \cdots + C_n^n b^n (n \in \mathbf{N}^*)$.

说明:对于二项式定理的证明,新课标增加了"多项式运算法则",强调二项式定理归纳推理的生成过程,凸显了新课标重视知识生成过程的教学理念.

☆ 旧课标要求但新课标不要求

■ 在排列与组合内容上,旧课标要求"能解决简单的实际问题",新课标删除了该要求.

例 2 学校要安排一场文艺晚会中 11 个节目的演出顺序,除第 1 个节目和最后 1 个节目已确定外,4 个音乐节目要求排在第 2、5、7、10 的位置,3 个舞蹈节目要求排在第 3、6、9 的位置,2 个曲艺节目要求排在第 4、8 的位置,求共有多少种不同的排法?

解 可以分三步完成:第一步,安排 4 个音乐节目,共有 A_4^4 种排法;第二步,安排舞蹈节目,共有 A_3^3 种排法;第三步,安排曲艺节目,共有 A_2^2 种排法. 所以不同的排法有 $A_4^4 A_3^3 A_2^2 = 288$ 种.

说明:"计数原理"是学习概率统计的准备知识,够用即可. 因此新课标中删除了分类加法计数原理和分步乘法计数原理的简单应用、排列组合的简单应用.

✹ 新课标和旧课标都要求但要求不同

■ 旧课标强调通过实例,总结计数原理的认知过程,并能应用两个基本计数原理解决一些简单的实际问题;新课标仅要求"了解"两个基本计数原理及其意义.

例 3 给程序模块命名,需要用 3 个字符,其中首字符要求用字母 A～G 或

U~Z,后两个字符要求用 1~9 中的数字.问最多可以给多少个程序命名?

解 先计算首字符的选法.由分类加法计数原理,首字符共有 $7+6=13$ 种选法.

再计算可能的不同程序名称.由分步乘法计数原理知,最多可以有 $13\times9\times9=1053$ 个不同的名称,即最多可以给 1053 个程序命名.

说明:"计数原理"是学习概率统计的准备知识,够用即可,因此新课标降低了对此部分内容的要求.

第二节 概率

一、教学要求对比

内容	新课标	旧课标	区别
（1）随机事件的条件概率	① 结合古典概型,了解条件概率,能计算简单随机事件的条件概率. ② 结合古典概型,了解条件概率与独立性的关系. ③ 结合古典概型,会利用乘法公式计算概率. ④ 结合古典概型,会利用全概率公式计算概率. *了解贝叶斯公式.	① 在具体情境中,了解条件概率和两个事件相互独立的概念.	对于条件概率这部分内容,旧课标要求"了解条件概率和两个事件相互独立的概念",新课标要求"能计算简单随机事件的条件概率". 新课标增加了"结合古典概型,了解条件概率与独立性的关系". 新课标增加了"结合古典概型,会利用乘法公式计算概率". 新课标增加了"结合古典概型,会利用全概率公式计算概率. *了解贝叶斯公式".
（2）离散型随机变量及其分布列	① 通过具体实例,了解离散型随机变量的概念,理解离散型随机变量分布列及其数字特征（均值、方差）. ② 通过具体实例,了解伯努利试验,掌握二项分布及其数字特征,并能解决简单的实际问题.	① 在对具体问题的分析中,理解取有限值的离散型随机变量及其分布列的概念,认识分布列对于刻画随机现象的重要性. ② 在具体情境中,了解条件概率和两个事件相互独立的概念,理解 n 次独立重复试验的模型及二项分布,并能解决一些简单的实际问题.	新课标降低了对离散型随机变量的概念的要求,由理解变为了解,增加了对离散型随机变量数字特征（均值、方差）的要求. 新课标要求"了解伯努利试验,掌握二项分布及其数字特征",旧课标要求"理解 n 次独立重复试验的模型及二项分布".

内容	新课标	旧课标	区别
（2）离散型随机变量及其分布列	③ 通过具体实例，了解超几何分布及其均值，并能解决简单的实际问题．	③ 通过实例（如彩票抽奖），理解超几何分布及其导出过程，并能进行简单的应用．	新课标要求"了解超几何分布及其均值"，旧课标要求"理解超几何分布及其导出过程"．
（3）正态分布	① 通过误差模型，了解服从正态分布的随机变量．通过具体实例、借助频率直方图的几何直观，了解正态分布的特征．	① 通过实际问题，借助直观（如实际问题的直方图），认识正态分布曲线的特点及曲线所表示的意义．	新课标增加了"通过误差模型，了解服从正态分布的随机变量"．
	② 了解正态分布的均值、方差及其含义．		新课标增加了"了解正态分布的均值、方差及其含义"．

二、对应题型示例

★　新课标要求但旧课标不要求

■　1. 新课标增加了"结合古典概型，了解条件概率与独立性的关系"．

例 1　从一副扑克牌（去掉大王和小王，共 52 张）中随机取出 1 张，用 A 表示取出的牌是"Q"，用 B 表示取出的牌是"红桃"，试利用 $P(B)$、$P(AB)$ 计算 $P(A|B))$．

解　由于 52 张牌中有 13 张红桃，则 B 发生（即取出的牌是"红桃"）的概率为 $P(B) = \dfrac{13}{52} = \dfrac{1}{4}$，而在 52 张牌中既是红桃又是"$Q$"的牌只有 1 张，故 $P(AB)$

$= \dfrac{1}{52}$．根据条件概率的计算公式，得 $P(A \mid B) = \dfrac{P(AB)}{P(B)} = \dfrac{\frac{1}{52}}{\frac{1}{4}} = \dfrac{1}{13}$．另外，由于

52 张牌中共有 4 张"Q"，因而 $P(A) = \dfrac{4}{52} = \dfrac{1}{13}$．

不难发现 $P(A \mid B) = P(A)$．

即已知取出的牌是"红桃"时它为"Q"的概率等于取出的牌是"Q"的概率．

容易理解，取出的牌是"红桃"不影响取出的牌是"Q"的概率.

所以事件 A 和事件 B 相互独立.

　　说明：相较于旧课标，新课标对随机事件的条件概率这部分内容更加重视，在内容要求上着墨颇多. 新课标充分发挥古典概型的范例作用. 本例以古典概型为背景，较好地体现了新课标的学习理念.

■　2. 新课标增加了"结合古典概型，会利用乘法公式计算概率".

　　例 2　三张奖券中只有一张能中奖，现分别由三名同学有放回地抽取一张奖券，事件 A 为"第一名同学没有抽到中奖奖券"，事件 B 为"最后一名同学抽到中奖奖券". 求 $P(A)$、$P(B)$、$P(AB)$.

　　解　设能中奖的一张奖券为 M，不能中奖的两张奖券为 a、b. 由三名同学有放回地抽取一张奖券，样本空间为：

$\Omega = \{(M, M, M), (a, a, a), (b, b, b), (M, M, a), (M, a, M),$
$(a, M, M), (M, M, b), (M, b, M), (b, M, M),$
$(a, a, M), (a, M, a), (M, a, a), (b, b, M),$
$(b, M, b), (M, b, b), (a, a, b), (a, b, a),$
$(b, a, a), (b, b, a), (b, a, b), (a, b, b),$
$(M, a, b), (a, M, b), (a, b, M), (M, b, a),$
$(b, M, a), (b, a, M)\},$

共 27 个样本点.

　　因为事件 $A = $"第一名同学没有抽到中奖奖券"，故事件 A 包含

$\{(a, a, a), (b, b, b), (a, M, M), (b, M, M), (a, a, M), (a, M, a),$
$(b, b, M), (b, M, b), (a, a, b), (a, b, a), (b, a, a), (b, b, a),$
$(b, a, b), (a, b, b), (a, M, b), (a, b, M), (b, M, a), (b,$
$a, M)\},$

共 18 个样本点；

　　因为事件 $B = $"最后一名同学抽到中奖奖券"，故事件 B 包含

$\{(M, M, M), (M, a, M), (a, M, M), (M, b, M), (b, M, M),$
$\quad (a, a, M), (b, b, M), (a, b, M), (b, a, M)\},$

共 9 个样本点.

　　所以 $P(A) = \dfrac{18}{27} = \dfrac{2}{3}$，$P(B) = \dfrac{9}{27} = \dfrac{1}{3}$.

因为是有放回地抽取,所以第一名同学的抽奖结果对最后一名同学的抽奖结果没有影响,即事件 A 的发生不会影响事件 B 发生的概率. 所以

$$P(AB)=P(A)P(B)=\frac{2}{3}\times\frac{1}{3}=\frac{2}{9}.$$

说明:独立事件的概率满足乘法运算法则,新课标在学习了事件的相互独立性的基础上,要求以古典概型为案例,学习概率的乘法公式.

■ 3. 新课标增加了"结合古典概型,会利用全概率公式计算概率.* 了解贝叶斯公式".

例3 某工厂有三个车间生产同一产品,第一车间的次品率为 0.05,第二车间的次品率为 0.03,第三车间的次品率为 0.01,各车间的产品数量分别为 1500 件、2000 件、1500 件,出厂时,三个车间的产品完全混合,现从中任取 1 件产品,求该产品是次品的概率.

解 设 $A_i(i=1,2,3)$ 分别表示事件"产品是第 i 车间生产的", B 表示事件"抽到的产品是次品",则 A_1、A_2、A_3 是一个完备事件组,且根据题意可得:

$$P(A_1)=\frac{1500}{5000}=0.3,\ P(A_2)=\frac{2000}{5000}=0.4,\ P(A_3)=\frac{1500}{5000}=0.3,$$

$$P(B\mid A_1)=0.05,\ P(B\mid A_2)=0.03,\ P(B\mid A_3)=0.01.$$

于是由全概率公式可得:

$$P(B)=P(A_1)P(B\mid A_1)+P(A_2)P(B\mid A_2)+P(A_3)P(B\mid A_3)$$
$$=0.3\times0.05+0.4\times0.03+0.3\times0.01=0.03.$$

例4 对以往数据的分析表明,当机器调整得良好时,产品的合格率为 0.9,否则产品的合格率为 0.3,每天早上机器开动前调整得良好的概率为 0.75. 若某日早上第一件产品是合格品,试求机器调整得良好的概率.

解 设事件 B="产品合格",事件 A="机器调整得良好",则 A、$\bar{A}$ 是一完备事件组,所需求的概率为 $P(A\mid B)$. 由贝叶斯公式知

$$P(A\mid B)=\frac{P(A)P(B\mid A)}{P(A)P(B\mid A)+P(\bar{A})P(B\mid\bar{A})}.$$

由题设条件,可得

$$P(A)=0.75,\ P(\bar{A})=0.25,\ P(B\mid A)=0.9,\ P(B\mid\bar{A})=0.3,$$

所以 $$P(A \mid B) = \frac{0.75 \times 0.9}{0.75 \times 0.9 + 0.25 \times 0.3} = 0.9.$$

说明：全概率公式与贝叶斯公式是新课标新增加的内容，是对条件概率的进一步深化与应用.

■ 4. 新课标增加了"了解正态分布的均值、方差及其含义".

例5 一投资者需在两种投资方案中选择一种，这两种投资方案的利润 X（万元）分别服从正态分布 $N(8, 3^2)$ 和 $N(7, 1^2)$.

（1）试评价这两种投资方案.

（2）投资者要求"利润超过 5 万元"的概率尽量大，那么他应该选择哪一种投资方案？

解 （1）对于第一种方案，有利润 $X \sim N(8, 3^2)$，其中均值 $\mu_1 = 8$，方差 $\sigma_1^2 = 3^2$；对于第二种方案，有利润 $X \sim N(7, 1^2)$，其中均值 $\mu_2 = 7$，方差 $\sigma_2^2 = 1^2$. 因为 $\mu_1 > \mu_2$，$\sigma_1^2 > \sigma_2^2$，所以第一种方案获得的利润平均数比第二种方案高，但第一种方案获得利润的波动性比第二种方案大.

（2）对于第一种方案

$$P_1(X > 5) = \frac{1 - P(5 < X \leqslant 11)}{2} + P(5 < X \leqslant 11)$$

$$= \frac{1 + P(5 < X \leqslant 11)}{2} = \frac{1 + 0.6856}{2} = 0.8428,$$

对于第二种方案

$$P_2(X > 5) = \frac{1 - P(5 < X \leqslant 9)}{2} + P(5 < X \leqslant 9)$$

$$= \frac{1 + P(5 < X \leqslant 9)}{2} = \frac{1 + 0.9544}{2} = 0.9772.$$

因为 $P_2(X > 5) > P_1(X > 5)$，所以应该选择第二种方案.

说明：正态分布的均值与方差，不仅是正态分布的两个重要参数，更是实际问题中作出决策的依据. 本例题考查了正态分布均值与方差的统计意义和正态分布概率计算，较好地体现了新课标的内容要求.

■ 5. 新课标增加了"通过误差模型，了解服从正态分布的随机变量".

例6 已知某批零件的长度误差（单位：mm）服从正态分布 $N(0, 3^2)$，从中随机取一件,其长度误差落在区间(3,6)内的概率为( ).

（附：若随机变量 ξ 服从正态分布 $N(\mu,\sigma^2)$,则 $P(\mu-\sigma<\xi<\mu+\sigma)=68.26\%$, $P(\mu-2\sigma<\xi<\mu+2\sigma)=95.44\%$）

A. 4.56%   B. 13.59%

C. 27.18%   D. 31.74%

解 由题意 $P(-3<\xi<3)=68.26\%$, $P(-6<\xi<6)=95.44\%$,得 $P(3<\xi<6)=\dfrac{1}{2}(95.44\%-68.26\%)=13.59\%$. 因此选 B.

说明：在现实生活中,多数随机误差服从正态分布.新课标要求"通过误差模型,了解服从正态分布的随机变量",凸显了随机变量这一研究主体.本例以零件的误差为试题背景,体现了新课标的内容要求.

⭐ 新课标和旧课标都要求但要求不同

■ 1. 对于条件概率这部分内容,旧课标要求"了解条件概率和两个事件相互独立的概念",新课标要求"能计算简单随机事件的条件概率".

例7 100件产品中有5件次品,不放回地抽取2件,每次抽1件,已知第1次抽出的是次品,求第2次抽出正品的概率.

解 设第1次抽出次品的事件为 B,第2次抽出正品的事件为 C,则第1次抽出次品且第2次抽出正品的事件为 BC.

方法1：在第1次抽出次品的条件下,剩下的99件产品中有4件次品,所以在第1次抽出次品的条件下第2次抽出正品的概率为 $P(C\mid B)=\dfrac{95}{99}$.

方法2：在第1次抽出次品的条件下第2次抽出正品的概率为

$$P(C\mid B)=\frac{n(BC)}{n(B)}=\frac{5\times 95}{5\times 99}=\frac{95}{99}.$$

方法3：在第1次抽出次品的条件下第2次抽出正品的概率为

$$P(C\mid B)=\frac{P(BC)}{P(B)}=\frac{\dfrac{5\times 95}{100\times 99}}{\dfrac{5\times 99}{100\times 99}}=\frac{95}{99}.$$

说明：新课标对条件概率的要求更加明确,本例以三种解法计算随机事件的条件概率,突出了条件概率的概念与计算.

2. 新课标降低了对离散型随机变量的概念的要求,由理解变为了解.增加了对离散型随机变量数字特征(均值、方差)的要求.

例 8 甲、乙两个单位都愿意聘用你,而你能获得如下信息:

甲单位不同职位月工资 X_1/元	1200	1400	1600	1800
甲单位获得相应职位的概率 P_1	0.4	0.3	0.2	0.1
乙单位不同职位月工资 X_2/元	1000	1400	1800	2200
乙单位获得相应职位的概率 P_2	0.4	0.3	0.2	0.1

根据工资待遇的差异情况,你愿意选择哪家单位?

解 根据月工资的分布列,利用计算器可算得

$EX_1 = 1200 \times 0.4 + 1400 \times 0.3 + 1600 \times 0.2 + 1800 \times 0.1 = 1400,$

$DX_1 = (1200 - 1400)^2 \times 0.4 + (1400 - 1400)^2 \times 0.3 +$
$\qquad (1600 - 1400)^2 \times 0.2 + (1800 - 1400)^2 \times 0.1 = 40\,000,$

$EX_2 = 1000 \times 0.4 + 1400 \times 0.3 + 1800 \times 0.2 + 2200 \times 0.1 = 1400,$

$DX_2 = (1000 - 1400)^2 \times 0.4 + (1400 - 1400)^2 \times 0.3 + (1800 -$
$\qquad 1400)^2 \times 0.2 + (2200 - 1400)^2 \times 0.1 = 160\,000.$

因为 $EX_1 = EX_2$,$DX_1 < DX_2$,所以两家单位的工资均值相等,但甲单位不同职位的工资相对集中,乙单位不同职位的工资相对分散.这样,如果希望不同职位的工资差距小一些,就选择甲单位;如果希望不同职位的工资差距大一些,就选择乙单位.

说明:从内容要求上来看,新课标弱化了对离散型随机变量的概念的要求,提高了对离散型随机变量数字特征的要求.本例题关注点为离散型随机变量的均值与方差的其统计意义.

3. 新课标要求"了解伯努利试验,掌握二项分布及其数字特征",旧课标要求"理解 n 次独立重复试验的模型及二项分布".

例 9 将一个半径适当的小球放入如图所示的容器最上方的入口处,小球将自由下落.小球在下落过程中,将 4 次遇到黑色障碍物,最后落入 A 袋或 B 袋

中.已知小球每次遇到黑色障碍物时向左、右两边下落的概率都是 $\frac{1}{2}$.

(1) 求小球落入 A 袋中的概率 $P(A)$;

(2) 在容器入口处依次放入 4 个小球,记 ξ 为落入 A 袋中小球的个数,试求 $\xi=3$ 的概率与 ξ 的数学期望 $E(\xi)$.

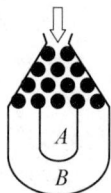

解 (1) 方法 1:由于小球每次遇到黑色障碍物时,有一次向左和两次向右或者两次向左和一次向右下落时,小球将落入 A 袋,所以 $P(A) = C_3^1 \left(\frac{1}{2}\right)^3 + C_3^2 \left(\frac{1}{2}\right)^3 = \frac{3}{4}$.

方法 2:记小球落入 B 袋中的概率为 $P(B)$,则 $P(A) + P(B) = 1$. 由于小球每次遇到黑色障碍物时一直向左或者一直向右下落,小球将落入 B 袋,所以 $P(B) = \left(\frac{1}{2}\right)^3 + \left(\frac{1}{2}\right)^3 = \frac{1}{4}$,所以 $P(A) = 1 - \frac{1}{4} = \frac{3}{4}$.

(2) 由题意: $\xi \sim B\left(4, \frac{3}{4}\right)$,所以有 $P(\xi=3) = C_4^3 \left(\frac{3}{4}\right)^3 \left(\frac{1}{4}\right)^1 = \frac{27}{64}$,所以 $E(\xi) = 4 \times \frac{3}{4} = 3$.

例 10 实力相等的甲、乙两队参加乒乓球团体比赛,规定 5 局 3 胜制(即 5 局内谁先赢 3 局就算胜出并停止比赛).

(1) 试求甲打完 5 局才能取胜的概率;

(2) 按比赛规则甲获胜的概率.

解 甲、乙两队实力相等,所以每局比赛甲获胜的概率 $\frac{1}{2}$,乙获胜的概率为 $\frac{1}{2}$.

(1) 甲打完 5 局才能取胜,相当于进行 5 次独立重复试验,且甲第 5 局比赛取胜,前 4 局恰好 2 胜 2 负,所以甲打完 5 局才能取胜的概率为

$$P_1 = C_4^2 \times \left(\frac{1}{2}\right)^2 \times \left(\frac{1}{2}\right)^2 \times \frac{1}{2} = \frac{3}{16}.$$

(2) 记事件 A = "甲打完 3 局才能取胜",概率 $P(A) = C_3^3 \left(\frac{1}{2}\right)^3 = \frac{1}{8}$;

记事件 B = "甲打完 4 局才能取胜",概率 $P(B) = C_3^2 \left(\frac{1}{2}\right)^2 \times \frac{1}{2} \times \frac{1}{2} = \frac{3}{16}$;

记事件 C = "甲打完 5 局才能取胜",由(1)知,概率 $P(C) = \frac{3}{16}$;

(例 9)

记事件 D＝"按比赛规则甲获胜"，则 $D=A+B+C$，又因为事件 A、B、C 彼此互斥，所以

$$P(D)=P(A+B+C)=P(A)+P(B)+P(C)=\frac{1}{8}+\frac{3}{16}+\frac{3}{16}=\frac{1}{2}.$$

因此，按比赛规则甲获胜的概率为 $\frac{1}{2}$．

说明：对于二项分布这一内容，新课标的要求更加细致，要求以伯努利试验为例，运用从特殊到一般的数学思想，最终掌握二项分布及数字特征．

■ 4. 新课标要求"了解超几何分布及其均值"，旧课标要求"理解超几何分布及其导出过程"．

例 11 在 10 件某种产品中，有 4 件次品．从这 10 件产品中任取 3 件，用 X 表示取得产品中的次品数．

(1) 求 X 的分布列．

(2) 取 3 件该产品时，平均会取到几件次品？

解 (1) 设取得产品中的次品数为 X，则 X 服从超几何分布，所以从 10 件产品中任取 3 件，其中恰有 k 件次品的概率为

$$P(X=k)=\frac{C_4^k C_6^{3-k}}{C_{10}^3}, \quad k=0,\ 1,\ 2,\ 3.$$

因此随机变量 X 的分布列为：

X	0	1	2	3
P	$\frac{1}{6}$	$\frac{1}{2}$	$\frac{3}{10}$	$\frac{1}{30}$

(2) 根据均值的定义，可知

$$EX=0\times\frac{1}{6}+1\times\frac{1}{2}+2\times\frac{3}{10}+3\times\frac{1}{30}=1.2.$$

所以取 3 件产品时，平均会取到 1.2 件次品．

说明：新课标对超几何概型的要求从理解降低为了解，并删除了超几何分布的导出过程，突出对核心知识及其应用的要求．

第三节　统计

一、教学要求对比

内容	新课标	旧课标	区别
(1) 成对数据的统计相关性	① 结合实例,了解样本相关系数的统计含义,了解样本相关系数与标准化数据向量夹角的关系. ② 结合实例,会通过相关系数比较多组成对数据的相关性.	① 通过收集现实问题中两个有关联变量的数据作出散点图,并利用散点图直观认识变量间的相关关系.	旧课标有关变量的相关性的内容,首先出现在必修3"统计"一章中. 新课标增加了"了解样本相关系数的统计含义,了解样本相关系数与标准化数据向量夹角的关系". 新课标增加了"结合实例,会通过相关系数比较多组成对数据的相关性".
(2) 一元线性回归模型	① 结合具体实例,了解一元线性回归模型的含义,了解模型参数的统计意义,了解最小二乘原理,掌握一元线性回归模型参数的最小二乘估计方法,会使用相关的统计软件. ② 针对实际问题,会用一元线性回归模型进行预测.	① 经历用不同估算方法描述两个变量线性相关的过程.知道最小二乘法的思想,能根据给出的线性回归方程系数公式建立线性回归方程. ② 通过对典型案例(如"人的体重与身高的关系"等)的探究,了解回归的基本思想、方法及其初步应用.	旧课标有关一元线性回归模型的内容首先出现在必修3"统计"一章中. 新课标增加了"会使用相关的统计软件",强调了信息技术应用在教学中的重要性. 在一元线性回归模型的实际应用方面,新课标要求"会用一元线性回归模型进行预测",而旧课标要求"了解回归的基本思想、方法及其初步应用".
(3) 2×2 列联表	① 通过实例,理解 2×2 列联表的统计意义. ② 通过实例,了解 2×2 列联表独立性检验及其应用.	① 通过对典型案例(如"肺癌与吸烟有关吗"等)的探究,了解独立性检验(只要求 2×2 列联表)的基本思想、方法及初步应用.	新课标增加了"理解 2×2 列联表的统计意义". 新课标删除了"了解独立性检验的基本思想、方法".

内容	新课标	旧课标	区别
（3）2×2列联表		② 通过对典型案例（如"质量控制""新药是否有效"等）的探究，了解实际推断原理和假设检验的基本思想、方法及初步应用. ③ 通过对典型案例（如"昆虫分类"等）的探究，了解聚类分析的基本思想、方法及初步应用.	旧课标要求"了解实际推断原理和假设检验的基本思想、方法及初步应用". 旧课标要求"了解聚类分析的基本思想、方法及初步应用"，但教材中并未编入此内容.

二、对应题型示例

★　新课标要求但旧课标不要求

■　1. 新课标增加了"了解样本相关系数的统计含义，了解样本相关系数与标准化数据向量夹角的关系".

例 1　某厂生产 A 产品的产量 x（件）与相应的耗电量 y（度）的统计数据如下表所示：

x	2	3	4	5	6
y	2	3	5	7	8

经计算：$\sum_{i=1}^{5}(x_i-\bar{x})^2=10$，$\sqrt{\sum_{i=1}^{5}(x_i-\bar{x})^2}\cdot\sqrt{\sum_{i=1}^{5}(y_i-\bar{y})^2}\approx16.12$.

（1）计算 $(x_i,y_i)(i=1,2,3,4,5)$ 的相关系数（结果保留两位小数）；

（2）已知向量 $\vec{a}=(m_1,n_1)$，$\vec{b}=(m_2,n_2)$，向量 $\vec{a}$ 与 $\vec{b}$ 的夹角为 θ，有

$$\cos\theta=\frac{\vec{a}\cdot\vec{b}}{|\vec{a}|\cdot|\vec{b}|}=\frac{m_1m_2+n_1n_2}{\sqrt{m_1^2+n_1^2}\cdot\sqrt{m_2^2+n_2^2}}.$$

类比上述有关结论，计算多维向量 $\vec{a}=(x_1-\bar{x},x_2-\bar{x},x_3-\bar{x},x_4-\bar{x},x_5-\bar{x})$ 与 $\vec{b}=(y_1-\bar{y},y_2-\bar{y},y_3-\bar{y},y_4-\bar{y},y_5-\bar{y})$ 的夹角的余弦值，并观察夹角余弦值与相关系数之间的关系.

$$\left(\text{附：相关系数 } r = \frac{\sum\limits_{i=1}^{n}(x_i - \bar{x})(y_i - \bar{y})}{\sqrt{\sum\limits_{i=1}^{n}(x_i - \bar{x})^2} \cdot \sqrt{\sum\limits_{i=1}^{n}(y_i - \bar{y})^2}}\right)$$

解 （1）从表中数据可知：$\bar{x} = 4$，$\bar{y} = 5$，所以 $\sum\limits_{i=1}^{5}(x_i - \bar{x})(y_i - \bar{y}) = 16$，

所以

$$r = \frac{\sum\limits_{i=1}^{5}(x_i - \bar{x})(y_i - \bar{y})}{\sqrt{\sum\limits_{i=1}^{5}(x_i - \bar{x})^2} \cdot \sqrt{\sum\limits_{i=1}^{5}(y_i - \bar{y})^2}} = \frac{16}{16.12} \approx 0.99.$$

（2）通过类比推理可得：

多维向量 $\vec{a} = (x_1 - \bar{x}, x_2 - \bar{x}, x_3 - \bar{x}, x_4 - \bar{x}, x_5 - \bar{x})$ 与 $\vec{b} = (y_1 - \bar{y}, y_2 - \bar{y}, y_3 - \bar{y}, y_4 - \bar{y}, y_5 - \bar{y})$ 的夹角的余弦值为

$$\cos\theta = \frac{\vec{a} \cdot \vec{b}}{|\vec{a}| \cdot |\vec{b}|} = \frac{\sum\limits_{i=1}^{n}(x_i - \bar{x})(y_i - \bar{y})}{\sqrt{\sum\limits_{i=1}^{n}(x_i - \bar{x})^2} \cdot \sqrt{\sum\limits_{i=1}^{n}(y_i - \bar{y})^2}} = r,$$

所以向量夹角余弦值与相关系数相等.

说明："了解样本相关系数的统计含义，了解样本相关系数与标准化数据向量夹角的关系"是新课标新增加的内容，不仅对样本相关系数提出了更高的要求，而且运用向量夹角直观地体现数据的相关性，与旧课标相比，提高了对样本相关系数的要求.

■ 2. 新课标增加了"结合实例，会通过相关系数比较多组成对数据的相关性".

例 2 某高中为了提高教学质量，决定在期末向部分课程的上课学生发放课程质量评估问卷. 问卷共设 X_1、X_2、X_3 三个指标，根据三个指标再综合给出该课程授课教师的质量得分 Y，且均采用 5 分制计分.

Y 为该课程授课教师的质量得分；

X_1 为该课程授课教师授课重点是否突出、条理是否清晰(得分)；

X_2 为该课程授课教师是否能有效地利用课堂事件(得分)；

X_3 为学生是否觉得该课程学习丰富了知识并提升了能力(得分).

下表是从该校高一上数学课的学生中，采用简单随机抽样方式获得的数据，请分析数据解决以下问题：计算 (Y, X_1)、(Y, X_2)、(Y, X_3) 的相关系数，探究随机变量 X_1、X_2、X_3 与随机变量 Y 的相关程度.

Y	X_1	X_2	X_3	Y	X_1	X_2	X_3
4.37	4.40	3.98	4.37	4.43	3.67	3.76	4.18
4.06	3.79	3.35	4.03	4.27	3.92	3.98	3.98
4.83	4.70	4.83	4.63	4.29	4.06	3.63	4.33
3.45	3.61	3.51	3.14	4.33	4.04	4.19	4.27
4.31	3.93	3.62	4.17	4.65	4.41	4.04	4.17
3.72	3.75	2.89	3.97	4.34	3.94	3.56	4.00
4.50	4.25	4.25	4.19	4.51	4.16	4.28	4.27
3.78	3.61	3.28	3.85	2.56	2.89	2.30	3.58
4.17	3.77	3.20	3.99	4.14	4.05	3.84	4.39
4.36	4.10	3.88	4.41	4.22	3.95	3.46	3.93
3.95	3.64	3.34	3.91	4.00	3.71	3.65	4.06
4.20	3.67	3.93	4.20	3.65	3.65	3.00	3.26
3.60	3.40	3.20	3.07	4.85	4.59	4.53	4.61
3.98	3.74	3.41	3.80	4.37	3.63	3.53	4.27
4.59	4.23	4.14	4.31	4.71	4.38	4.40	4.53
4.32	4.17	4.12	4.35	4.08	4.05	3.72	3.86
3.45	3.14	3.18	3.64	4.75	4.48	4.49	4.40
3.59	3.69	3.10	3.95	4.40	3.90	3.96	4.26
4.70	4.30	4.41	3.95	3.27	3.36	2.94	4.03
4.40	3.54	3.46	4.30	3.66	3.40	3.11	2.63

解 利用上表中的数据,使用图形计算器计算可得:

(Y,X_1) 的相关系数 $r_1 = 0.86867$,(Y,X_2) 的相关系数 $r_2 = 0.888924$,(Y,X_3) 的相关系数 $r_3 = 0.704003$.因为 $r_2 > r_1 > r_3$,所以随机变量 X_2 与随机变量 Y 的相关程度最高,随机变量 X_3 与随机变量 Y 的相关程度最低,随机变量 X_1 与随机变量 Y 的相关程度也较强.

说明:"结合实例,会通过相关系数比较多组成对数据的相关性"是新课标新增加的要求,对样本相关系数提出了应用层面的要求.通过比较多组成对数据的相关系数,有助于解决实际问题中的决策问题,体现了新课标重视问题解决的教学理念.

3. 新课标增加了"会使用相关的统计软件",强调了信息技术应用在教学中的重要性.

例3 在例2的基础上,试分析可选用 X_1、X_2、X_3 三个随机变量中的哪一个或哪两个与随机变量 Y 建立一元或者二元线性回归模型,并利用计算机求出该线性回归方程.

解 因为 $(Y，X_1)$ 的相关系数 $r_1 = 0.868\,67 > 0.8$,$(Y，X_2)$ 的相关系数 $r_2 = 0.888\,924 > 0.8$,$(Y，X_3)$ 的相关系数 $r_3 = 0.704\,003 < 0.8$,所以可选用随机变量 X_1、X_2 与随机变量 Y 建立二元线性回归模型. 利用图形计算器(如图①、图②),可得该二元线性回归方程为:

$$Y = 0.461\,071X_1 + 0.496\,333X_2 + 0.521\,267.$$

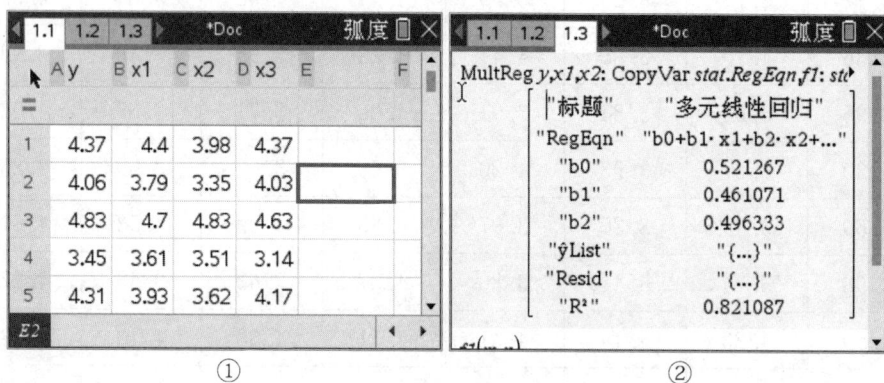

1.1	1.2	1.3	*Doc	弧度
	A y	B x1	C x2	D x3	E	F
1	4.37	4.4	3.98	4.37		
2	4.06	3.79	3.35	4.03		
3	4.83	4.7	4.83	4.63		
4	3.45	3.61	3.51	3.14		
5	4.31	3.93	3.62	4.17		

E2

①

MultReg y,x1,x2: CopyVar stat.RegEqn,f1: st

"标题"	"多元线性回归"
"RegEqn"	"b0+b1·x1+b2·x2+..."
"b0"	0.521267
"b1"	0.461071
"b2"	0.496333
"ŷList"	"{...}"
"Resid"	"{...}"
"R²"	0.821087

②

(例3解答)

说明:信息技术在教学中的合理应用可以帮助师生解决复杂的运算问题,使教学的重心更多地侧重于对数学知识本身的理解与应用上,尤其是在解决实际问题、处理大量数据的过程中,信息技术的优势更加凸显.

4. 新课标增加了"理解 2×2 列联表的统计意义".

例4 为了调查吸烟是否对患慢性支气管炎有影响,某机构随机调查了5896人,得到如下数据(单位:人):

患慢性支气管炎情况 / 吸烟情况	患慢性支气管炎	未患慢性支气管炎
吸烟	54	1896
不吸烟	28	3918

请根据上面的数据分析吸烟是否对患慢性支气管炎有影响.

解 由题中数据制作 2×2 列联表（单位：人）：

患慢性支气管炎情况 吸烟情况	患慢性支气管炎	未患慢性支气管炎	总计
吸烟	54	1896	1950
不吸烟	28	3918	3946
总计	82	5814	5896

方法 1：由表中数据计算可得，吸烟人群中患慢性支气管炎的人所占百分比是 $\frac{54}{1950} \approx 2.77\%$，不吸烟人群中患慢性支气管炎的人所占百分比是 $\frac{28}{3946} \approx 0.71\%$. 吸烟人群中患慢性支气管炎的人所占百分比与不吸烟人群中患慢性支气管炎的人所占百分比不相等，且相差较大. 由此我们可以推断，吸烟与患慢性支气管炎是有关联的.

方法 2：既吸烟又患慢性支气管炎的人的频率是 $\frac{54}{5896} \approx 0.92\%$，吸烟的人的频率是 $\frac{1950}{5896} \approx 33.07\%$，患慢性支气管炎的人的频率是 $\frac{82}{5896} \approx 1.39\%$. 显然，$33.07\% \times 1.39\% \approx 0.46\% \neq 0.92\%$，且相差很大，所以可以得出：吸烟与患慢性支气管炎有关联.

说明："理解 2×2 列联表的统计意义"是新课标新增加的内容要求，2×2 列联表是学习独立性检验的基础，理解 2×2 列联表是生成独立性检验方法的重要前提，体现了新课标注重知识生成过程的教学理念.

☆ 旧课标要求但新课标不要求

■ 旧课标要求"了解实际推断原理和假设检验的基本思想、方法及初步应用".

例 5 独立性检验中，假设 H_0：运动员受伤与不做热身运动没有关系. 在上述假设成立的情况下，计算得 K^2 的观测值 $k \approx 7.236$.

$P(K^2 \geq k_0)$	0.10	0.05	0.010	0.005
k_0	2.706	3.841	6.635	7.879

下列结论正确的是(　　).

　　A. 在犯错误的概率不超过 0.01 的前提下,认为运动员受伤与不做热身运动有关

　　B. 在犯错误的概率不超过 0.01 的前提下,认为运动员受伤与不做热身运动无关

　　C. 在犯错误的概率不超过 0.005 的前提下,认为运动员受伤与不做热身运动有关

　　D. 在犯错误的概率不超过 0.005 的前提下,认为运动员受伤与不做热身运动无关

　　解　因为 $P(K^2 \geqslant 6.635) = 0.01$,因此,在犯错误的概率不超过 0.01 的前提下,认为运动员受伤与不做热身运动有关,因此选 A.

说明:假设检验的方法是统计学的一个很重要的常用方法,独立性检验仅是假设检验的一个特例.选修 2-3 的教师教学用书中给出了在大学教科书中假设检验的一般步骤为:

(1) 提出假设检验问题;

(2) 选择检验的指标;

(3) 根据检验指标的含义确定拒绝域的构造;

(4) 确定拒绝域中的临界值;

(5) 给出推断结果及其解释.

✵ **新课标和旧课标都要求但要求不同**

■ 在一元线性回归模型的实际应用方面,新课标要求"会用一元线性回归模型进行预测",而旧课标要求"了解回归的基本思想、方法及其初步应用".

　　例 6　为研究鲈鱼身长与体重的关系,芬兰某渔业公司得出如下表所示的鲈鱼身长(单位:cm)与体重(单位:g)的记录:

身长 x/cm	30.0	31.2	31.1	33.5	34.0	34.7	34.5	35.0	35.1	36.2
体重 y/g	242.0	290.0	340.0	363.0	430.0	450.0	500.0	390.0	450.0	500.0
身长 x/cm	36.2	36.2	36.4	37.2	37.2	38.3	38.5	38.6	38.7	
体重 y/g	475.0	500.0	500.0	600.0	600.0	700.0	700.0	610.0	650.0	

　　(1) 画出散点图,并求鲈鱼身长与体重间的线性相关系数;

（2）建立线性回归方程，并预测鲈鱼身长为 38 cm 时的体重.

解　（1）散点图如图所示.

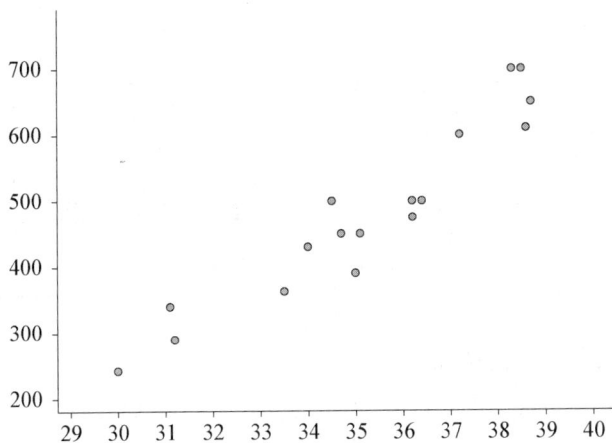

（例 6(1)解答）

列表如下：

序号	x_i	y_i	x_i^2	y_i^2	$x_i y_i$
1	30.0	242.0	900.00	58 564.00	7260.00
2	31.2	290.0	973.44	84 100.00	9048.00
3	31.1	340.0	967.21	115 600.00	10 574.00
4	33.5	363.0	1122.25	131 769.00	12 160.50
5	34.0	430.0	1156.00	184 900.00	14 620.00
6	34.7	450.0	1204.09	202 500.00	15 615.00
7	34.5	500.0	1190.25	250 000.00	17 250.00
8	35.0	390.0	1225.00	152 100.00	13 650.00
9	35.1	450.0	1232.01	202 500.00	15 795.00
10	36.2	500.0	1310.44	250 000.00	18 100.00
11	36.2	475.0	1310.44	225 625.00	17 195.00
12	36.2	500.0	1310.44	250 000.00	18 100.00
13	36.4	500.0	1324.96	250 000.00	18 200.00
14	37.2	600.0	1383.84	360 000.00	22 320.00
15	37.2	600.0	1383.84	360 000.00	22 320.00

序号	x_i	y_i	x_i^2	y_i^2	$x_i y_i$
16	38.3	700.0	1466.89	490 000.00	26 810.00
17	38.5	700.0	1482.25	490 000.00	26 950.00
18	38.6	610.0	1489.96	372 100.00	23 546.00
19	38.7	650.0	1497.69	422 500.00	25 155.00
合计	672.6	9290.0	23 931.00	4 852 258.00	334 668.50
平均	35.4	488.947 37			

于是可得：$r \approx 0.9477$.

（2）由最小二乘法，可得 $b \approx 47.97$，$a \approx -1209.2$，对于 x 的线性回归方程为：

$$y = -1209.2 + 47.97x.$$

当鲈鱼身长为 38 cm 时，其体重的估计值为 $-1209.2 + 47.97 \times 38 \approx 613.7$ g.

说明：新课标要求"会用一元线性回归模型进行预测"，强调在问题解决的过程中提升学生数据分析核心素养，更贴近生活实际与教学实际，具有较强的操作性.

例7　一只红铃虫的产卵数 y 和温度 x 有关，现收集了 7 组观测数据如下表所示：

温度 x/℃	21	23	25	27	29	32	35
产卵个数 y/个	7	11	21	24	66	115	325

（1）画出散点图，根据散点图判断 $y = c + dx$ 与 $y = ae^{bx}$ 哪一个适宜作为产卵数 y 关于温度 x 的回归方程类型（给出判断即可，不必说明理由）；

（2）根据（1）的判断结果及表中数据，建立 y 关于 x 的回归方程.

（附：可能用到的公式 $w_i = \ln y_i$，$\bar{w} = \dfrac{1}{7}\sum\limits_{i=1}^{7} w_i$，$\bar{x} = \dfrac{1}{7}\sum\limits_{i=1}^{7} x_i$，$\bar{y} =$

$\dfrac{1}{7}\sum\limits_{i=1}^{7} y_i$，可能用到的数据表如下表所示：

$\bar{x}$	$\bar{y}$	$\bar{w}$	$\sum\limits_{i=1}^{7}(x_i - \bar{x})^2$	$\sum\limits_{i=1}^{7}(w_i - \bar{w})^2$	$\sum\limits_{i=1}^{7} x_i y_i - 7\bar{x}\bar{y}$	$\sum\limits_{i=1}^{7} x_i w_i - 7\bar{x}\bar{w}$
27.430	3.612	81.290	147.700	2763.764	705.592	40.180

对于一组数据 (u_1, v_1)，(u_2, v_2)，$\cdots$，(u_n, v_n)，其回归直线 $v = \alpha + \beta u$

的斜率和截距的最小二乘估计分别为：$\hat{\beta} = \dfrac{\sum\limits_{i=1}^{n} u_i v_i - n\bar{u}\bar{v}}{\sum\limits_{i=1}^{n} u_i^2 - n\bar{u}^2}$，$\hat{\alpha} = \bar{v} - \hat{\beta}\bar{u}$.）

解 （1）散点图如图所示，根据散点图可以判断，$y = a \cdot e^{bx}$ 适宜作为产卵数 y 关于温度 x 的回归方程类型.

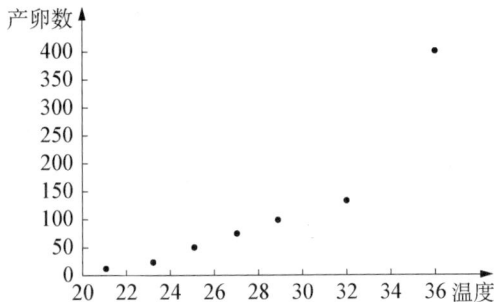

（例 7(1) 解答）

（2）令 $w = \ln y$，先建立 w 关于 x 的线性回归方程，由数据得

$$\sum_{i=1}^{7} x_i w_i - 7\bar{x}\bar{w} = 40.180, \quad \sum_{i=1}^{7}(x_i - \bar{x})^2 = \sum_{i=1}^{7} x_i^2 - 7\bar{x} = 147.700,$$

$$b = \frac{\sum\limits_{i=1}^{7} x_i w_i - 7\bar{x}\bar{w}}{\sum\limits_{i=1}^{7} x_i^2 - 7\bar{x}} = \frac{40.180}{147.700} \approx 0.272, \ \ln a = \bar{w} - b\bar{x} \approx -3.849.$$

所以 w 关于 x 的线性回归方程为 $w = -3.849 + 0.272x$.

因此，y 关于 x 的回归方程为 $y = e^{-3.849 + 0.272x} = e^{-3.849} e^{0.272x}$.

说明：旧课标要求"了解回归的基本思想、方法及其初步应用"，回归分析的思想与方法是统计学中的重要内容，在大学的统计学课程中占有重要地位. 在高中阶段，由于学生缺乏相关统计概率的背景知识，较难对一般性的回归的基本思想与方法有所认识.